呂思勉的

先秦學術

思想流派考與諸子探源

概論

探索先秦時期學術思想，細述各學派核心，
分析百家思想的哲學觀點與精神文化，
結合古籍研究法，揭示學術發展脈絡！

呂思勉 著

目錄

上編
總論

第一章　先秦學術之重要

　　吾國學術，大略可分七期：先秦之世，諸子百家之學，一也。兩漢之儒學，二也。魏晉以後之玄學，三也。南北朝隋唐之佛學，四也。宋明之理學，五也。清代之漢學，六也。今所謂新學，七也。七者之中，兩漢魏晉，不過承襲古人；佛學受諸印度；理學家雖闢佛，實於佛學入之甚深；清代漢學，考證之法甚精，而於主義無所創闢；[001] 最近新說，則又受諸歐美者也。歷代學術，純為我所自創者，實止先秦之學耳。

　　然則中國民自漢以降，能力不逮古人邪？曰：不然。學術本天下公器，各國之民，因其處境之異，而所發明者各有不同，勢也。交通梗塞之世，彼此不能相資，此乃無可如何之事。既已互相灌輸，自可藉資於人以為用。此非不能自創，乃不必自創也。譬之羅盤針、印刷術、火藥，歐人皆受

---

[001]　梁任公謂清代學術，為方法運動，非主義運動，其說是也見所撰《清代學術概論》。

之於我。今日一切機械，則我皆取之於彼。設使中歐交通，迄今閉塞，豈必彼於羅盤針、印刷術、火藥，不能發明；我於蒸汽、電力等，亦終不能創造邪？學術之或取於人，或由自造，亦若是則已矣。

　　眾生所造業力，皆轉相熏習，永不唐捐。故凡一種學術，既已深入人心，則閱時雖久，而其影響仍在。先秦諸子之學，非至晚周之世，乃突焉興起者也。其在前此，旁薄鬱積，蓄之者既已久矣。至此又遭遇時勢，乃如水焉，眾派爭流；如卉焉，奇花怒放耳。積之久，洩之烈者，其力必偉，而影響於人必深。中國民今日之思想，試默察之，蓋無不有先秦學術之成份在其中者，其人或不自知，其事不可誣也。不知本原者，必不能知支流。欲知後世之學術思想者，先秦諸子之學，固不容不究心矣。

第二章　先秦學術之淵源

　　凡事必合因緣二者而成。因如種子，緣如雨露；無種子，固無嘉穀；無雨露，雖有種子，嘉穀亦不能生也。先秦諸子之學，常以前此之宗教及哲學思想為其因，東周以後之社會情勢為其緣。今先論古代之宗教及哲學思想。

　　邃初之民，必篤於教。而宗教之程度，亦自有其高下之殊。初民睹人之生死寤寐，以為軀殼之外，必別有其精神存焉。又不知人與物之別，且不知生物與無生物之別也。以為一切物皆有其精神如人，乃從而祈之，報之，厭之，逐之，是為拜物之教。八蠟之祭，迎貓迎虎，且及於坊與水庸，[002]蓋其遺跡。此時代之思想，程度甚低，影響於學術者蓋少。唯其遺跡，迄今未能盡去；而其思想，亦或存於愚夫愚婦之心耳。

　　稍進，則為崇拜祖先。蓋古代社會，摶結之範圍甚隘。

---

[002]　《禮記·郊特牲》。

生活所資，唯是一族之人，互相依賴。立身之道，以及智識技藝，亦唯恃族中長老，為之牖啟。故與並世之人，關係多疏，而報本追遠之情轉切。一切豐功偉業，皆以傳諸本族先世之酋豪。而其人遂若介乎神與人之間。以情誼論，先世之酋豪，固應保佑我；以能力論，先世之酋豪，亦必能保佑我矣。凡氏族社會，必有其所崇拜之祖先，以此。中國民尊祖之念，及其崇古之情，其根荄，實皆植於此時者也。

　　人類之初，僅能取天然之物以自養而已。[003] 稍進，乃能從事於農牧。農牧之世，資生之物，咸出於地，而其豐歉，則懸繫於天。故天文之智識，此時大形進步；而天象之崇拜，亦隨之而盛焉。自物魅進至於人鬼，更進而至於天神地祇，蓋宗教演進自然之序。而封建之世，自天子諸侯卿大夫士，至於庶民奴婢，各有等級，各有職司。於是本諸社會之等差，懸擬神靈之組織，而神亦判其尊卑，分其職守焉。中國宗教之演進，大略如此。

　　徒有崇拜之對象，而無理論以統馭之，解釋之，不足以言學問也。人者，理智之動物，初雖蒙昧，積久則漸進於開明。故宗教進步，而哲學乃隨之而起。哲學家之所論，在今日，可分為兩大端：曰宇宙論，曰認識論。認識論必研求稍久，乃能發生。古人之所殫心，則皆今所謂宇宙論也。

---

[003]　所謂蒐集及漁獵之世也，見第三章。

　　宇果有際乎？宙果有初乎？此非人之所能知也。今之哲學家，於此，已置諸不論不議之列。然此非古人所知也。萬物生於宇宙之中，我亦萬物之一；明乎宇宙及萬物，則我之所以為我者，自無不明；而我之所以處我者，亦自無不當矣。古人之殫心於宇宙論，蓋以此也。

　　大事不可知也，則本諸小事以為推。此思想自然之途徑，亦古人所莫能外也。古之人，見人之生，必由男女之合，而鳥亦有雌雄，獸亦有牝牡也，則以為天地之生萬物，亦若是則已矣。故曰：「天神引出萬物，地只提出萬物」；[004]又曰：「物本乎天，人本乎祖」[005] 也。

　　哲學之識，在能解釋一切現象，若或可通，或不可通，則其說無以自立矣。日月之代明，水火之相剋，此皆足以堅古人陰陽二元之信念者也。顧時則有四，何以釋之？於是有「太極生兩儀，兩儀生四象」之說。[006] 日生於東而沒於西，氣燠於南而塞於北，於是以四時配四方。四方閣中央而為五；益之以上方則為六；又益四隅於四正，則為八方；閣中央於八方，則成九宮。伏羲所畫八卦，初蓋以為分主八方之神；

---

[004]　《說文解字》。
[005]　《禮記·郊特牲》。
[006]　《易·繫辭傳》。

其在中央者，則下行九宮之太乙也。[007] 至於虞、夏之間，乃又有所謂五行之說。[008] 五行者：一曰水，二曰火，三曰木，四曰金，五曰土。此蓋民用最切之物，[009] 宗教家乃按其性質，而分布之於五方。思想幼稚之世，以為凡事必皆有神焉以司之，而神亦皆有人格，於是有五帝六天之說。[010] 五帝者：東方青帝靈威仰，主春生。南方赤帝赤熛怒，主夏長。西方白帝白招拒，主秋成。北方黑帝汁光紀，主冬藏。而中央黃帝含樞紐，寄王四季，不名時。以四時化育，皆須土也。昊天上帝耀魄寶，居於北辰，無所事事。蓋「卑者親事」，[011] 封建時代之思想則然；而以四時生育之功，悉歸諸天神，則又農牧時代之思想也。四序代謝，則五帝亦各司其功，功成者退。故有五德終始之說。[012] 地上之事，悉由天神統治；為天神之代表者，實唯人君；而古代家族思想甚重，以人擬天，乃有感生之說。[013] 凡此，皆古代根於宗教之哲學也。

---

[007] 《後漢書·張衡傳》注引《乾鑿度》鄭注：「太乙者，北辰神名也。下行八卦之宮。每四乃還於中央。中央者，地神之所居，故謂之九宮。天數大分，以陽出，以陰入。陽起於子，陰起於午，是以太乙下行九宮，從坎宮始，自此而坤，而震，而巽，所行者半矣，還息於中央之宮。既又由此而乾，而兌，而艮，而離，行則周矣，上游息於太一之星，而反紫宮也。」
[008] 五行見《書·洪範》，乃箕子述夏法。
[009] 《禮記·禮運》：「用水，火，金，木，飲食，必時」，飲食即指土，洪範所謂「土爰稼穡」也。
[010] 見《禮記·郊特牲正義》。
[011] 《白虎通義·王行篇》。
[012] 見第十四章。
[013] 見《詩·生民疏》引《五經異義》。

根據於宗教之哲學，雖亦自有其理，而其理究不甚圓也。思想益進，則合理之說益盛。雖非宗教所能封，而亦未敢顯與宗教立異；且宗教之說，儱侗而不確實，本無不可附合也；於是新說與舊說，遂併合為一。思想幼稚之世，其見一物，則以為一物而已。稍進，乃知析物而求其質。於是有五行之說。此其思想，較以一物視一物者為有進矣。然物質何以分此五類，無確實之根據也。又進，乃以一切物悉為一種原質所成，而名此原質曰氣。為調和舊說起見，乃謂氣之凝集之疏密，為五種物質之成因。說五行之次者，所謂「水最微為一，火漸著為二，木形實為三，金體固為四，土質大為五」也。[014] 既以原質之疏密，解釋物之可見不可見，即可以是解釋人之形體與精神。故曰：「體魄則降，知氣在上」；[015] 又曰：「眾生必死，死必歸土。骨肉斃於下，陰為野土；其氣發揚於上為昭明」也。[016] 夫如是，則恆人所謂有無，只是物之隱顯；而物之隱顯，只是其原質之聚散而已。故曰：「精氣為物，遊魂為變」也。[017] 既以是解釋萬物，亦可以是解釋宇宙。故曰：「有大易，有大初，有大始，有大素。大易者，未見氣也。大初者，氣之始也。大始者，形之始也。大素

---

[014] 《洪範正義》。
[015] 《禮記·禮運》。知與哲通，哲、晳實亦一字，故知有光明之義。
[016] 《禮記·祭義》
[017] 《易·繫辭傳》。

者，質之始也。氣形質具而未相離，謂之渾沌」，及「輕清者上為天，重濁者下為地，沖和氣者為人」，而天地於是開闢焉。[018]

　　然則此所謂氣者，何以忽而凝集，忽而離散邪？此則非人所能知。人之所知者，止於其聚而散，散而聚，常動而不息而已。故說宇宙者窮於易，而《易》與《春秋》，皆託始於元。[019] 易即變動不居之謂，元則人所假定為動力之始者也。《易》曰：「易不可見，則乾坤或幾乎息矣。」[020] 又曰：「大哉乾元，萬物資始，乃統天」，[021] 蓋謂此也。[022]

　　人之思想，不能無所憑藉；有新事物至，必本諸舊有之思想，以求解釋之道，而謀處置之方，勢也。古代之宗教及哲學，為晚周之世人人所同具之思想。對於一切事物之解釋及處置，必以是為之基，審矣。此諸子之學，所以雖各引一

端，而異中有同，仍有不離其宗者在也。[023]

[023]　昔在蘇州講學，曾撰《論讀子之法》一篇，以示諸生。今節錄一段於下，以備參考。原文曰：古代哲學，最尊崇自然力。既尊崇自然力，則只有隨順，不能抵抗。故道家最貴無為。無為非無所事事之謂，謂因任自然，不參私意雲耳。然則道家所謂無為，即儒家「為高必因丘陵，為下必因川澤」之意；亦即法家絕聖棄知，專任度數之意也。自然之力，無時或息。其在儒家，則因此而得自強不息之義。道家之莊、列一派，則謂萬物相刃相靡，其行如馳，「一受其成形，不亡以待盡」，因此而得委心任運之義焉。自然力之執行，古人以為如環無端，周而復始。其在道家，則因此而得禍福倚伏之義，故貴知白守黑，知雄守雌。其在儒家，則因此而得窮變通久之義，故致謹於治制之因革損益。其在法家，則因此而得「古今異俗，新故異備」之義，而商君等以之主張變法焉。萬物雖殊，然既為同一原質所成，則其本自一。若干原質，凝集而成物，必有其所以然，是之謂命，自物言之則曰性。性命者物所受諸自然者也。自然力之執行，古人以為本有秩序，不相衝突。人能常守此定律，則天下可以大治。故言治貴反諸性命之情。故有反本正本之義。儒家言儘性可以盡物，道家言善養生者可以託天下，理實由此。抑春秋之義，正次王，王次春，言王者欲有所為，宜求其端於天；而法家言形名度數，皆原於道，亦由此也。萬物既出於一，則形色雖殊，原理不異。故老貴抱一，孔貴中庸。抑宇宙現象，既變動不居，則所謂真理，只有變之一字耳。執一端以為中，將不轉瞬而已失其中矣。故貴抱一而戒執一，貴得中而戒執中，抱一守中，又即貴虛貴無之旨也。然則一切現象，正唯相反，然後相成，故無是非善惡之可言，而物倫可齊也。夫道家主因任自然，而法家主整齊劃一，似相反矣；然其整齊劃一，乃正欲使天下皆遵守自然之律，而絕去私意，則法家之旨，與道家不相背也。儒家貴仁，而法家賤之。然其言曰：「法之為道，前者而長利；仁之為道，偷樂而後窮。」則其所攻者，乃姑息之愛，非儒家所謂仁也。儒家重文學，而法家列之五蠹。然其言曰：「糟糠不飽者，不務粱肉；短褐不完者，不待文繡」，則亦取救一時之急耳。秦有天下，遂行商君之政而不改，非法家本意也。則法家之與儒家，又不相背也。舉此數端，餘可類推。要之古代哲學之根本大義，仍貫通乎諸子之中。有時其言似相反者，則以其所論之事不同，史談所謂「所從言之者異」耳。故《漢志》譬諸水火，相滅亦相生也。

第三章　先秦學術興起時之時勢

　　今之談哲學者，多好以先秦學術，與歐洲、印度古代之思想相比附。或又謂先秦諸子之學，皆切實際、重應用，與歐洲、印度空談玄理者不同。二說孰是？曰：皆是也。人類思想發達之序，大致相同。歐洲、印度古代之思想，誠有與先秦諸子極相似者。處事必根諸理，不明先秦諸子之哲學，其處事之法，亦終無由而明；而事以參證而益明。以歐洲、印度古說，與先秦諸子相較，誠不易之法也，然諸子緣起，舊有二說：一謂皆王官之一守，一謂起於救時之弊。[024] 二說無論孰是，抑可並存，要之皆於實際應用之方，大有關係。今讀諸子書，論實際問題之語，誠較空談玄理者為多，又眾所共見也。故不明先秦時代政治及社會之情形，亦斷不能明先秦諸子之學也。

　　先秦諸子之思想，有與後世異者。後世政治問題與社會

---

[024]　見下章。

問題分，先秦之世，則政治問題與社會問題合。蓋在後世，
疆域廣大，人民眾多，一切問題，皆極複雜。國家設治之機
關，既已疏闊；人民愚智之程度，又甚不齊。所謂治天下
者，則與天下安而已。欲懸一至善之鵠，而悉力以赴之，必
求造乎其極，而後可為無憾，雖極弘毅之政治家，不敢作是
想也。先秦諸子則不然。去小國寡民之世未遠，即大國地兼
數圻，亦不過今一兩省；而其菁華之地，猶不及此。秦之取
巴蜀，雖有益於富厚，其政治恐尚僅羈縻。[025] 楚之有湖南、
江西，則如中國今日之有蒙、新、海、藏耳。而其民風之純
樸，又遠非後世之比。夫國小民寡，則情形易於周知，而定
改革之方較易。風氣純樸，則民皆聽從其上，國是既定，舉
而措之不難。但患無臨朝願治之主，相助為理之臣。苟其有
之，而目的終不得達，且因此轉滋他弊，如後世王安石之所
遭者，古人不患此也。職是故，先秦諸子之言治者，大抵欲
舉社會而徹底改造之，使如吾意之所期。「治天下不如安天
下，安天下不如與天下安」等思想，乃古人所無有也。

　　然則先秦諸子之所欲至者，果何等境界邪？孔慕大同，
老稱郅治，似近子虛之論，烏託之邦。然諸子百家，抗懷皇
古，多同以為黃金世界，豈不謀而同辭誕謾耶？孔子之告子
游曰：「大道之行也，與三代之英，丘未之逮也，而有志焉。」

---

[025]　讀《後漢書‧板楯蠻傳》可見。

《鄭注》曰：「志，謂識，古文。」[026] 此即《莊子》「《春秋》經世，先王之志」之志。孔子論小康，舉禹湯文武成王周公為六君子，皆實有其人；其治跡，亦皆布在方策；其論大同之世，安得悉為理想之談。然則孔慕大同，老稱郅治，以及許行論治，欲並倉廩府庫而去之，殆皆有所根據，而後懸以為鵠；不徒非誕謾之辭，並非理想之談也。

　　孔、老大同、郅治之說，以及許行並耕而食之言，自今日觀之，似皆萬無可致之理。然在當日，則固不然。此非略知社會之變遷者不能明，請得而略陳之。蓋人類之初，制馭天然之力極弱，生活需，則成群結隊，到處尋覓，見可供食用之物，則拾取之而已矣。此為社會學家所稱蒐集之世。稍進，乃能漁於水，獵於山。制馭天然之力稍強，而其生活猶極貧窘。必也進於農牧，乃無飢餓之憂。農牧之興，大抵視乎其地，草原之民，多事畜牧；林麓川澤之地，則多事農耕。吾國開化之跡，稍有可徵者，蓋在巢、燧、羲、農。巢、燧事蹟，略見《韓非》。[027] 其為漁獵時代之酋長，不待言而可明。伏羲，昔多以游牧之主，蓋因伏又作庖，羲又作犧，乃有此望文生義之誤解。其實伏羲乃「下伏而化之」之意，明見《尚書大傳》。其事蹟，則《易·繫辭傳》明言其為網罟而

---

[026] 「謂識」一讀。此以識字詁志字；次乃更明其物，謂孔子所謂志者，乃指古文言之也。古文，猶言古書，東漢人語如此。
[027] 《五蠹》。

事畋漁，其為漁獵時代之大酋，尤顯而易見。《傳》又言：「包犧氏沒，神農氏作」，吾族蓋於此時進於農耕。而黃帝，《史記》言其「遷徙往來無常處，以師兵為營衛」，[028] 似為游牧之族。凡農耕之族，多好和平；游牧之群，則樂戰伐。以此，阪泉、涿鹿之師，炎族遂為黃族所弱。[029] 農耕之民，性多重滯。《老子》言「郅治之極，鄰國相望，雞犬之聲相聞，民各甘其食，美其服，安其俗，樂其業，至老死不相往來」，[030] 蓋在此時。此等社會，大抵自給自足。只有協力以對物，更無因物以相爭。故其內部極為安和，對外亦能講信修睦。孔子所謂大同之世，亦指此時代言之也。黃帝之族，雖以武力擊而臣之，於其社會之組織，蓋未嘗加以改變，且能修而明之。所異者，多一征服之族，踞於其上，役人以自養；而其對外，亦不復能如前此之平和。又前此蕩蕩平平之倫理，一變而為君臣上下，等級分明之倫理耳。所謂「大人世及以為禮；城郭溝池以為固；禮義以為紀；以正君臣，以篤父子，以睦兄弟，以和夫婦……以賢勇知，以功為己；故謀用是作，而兵由此起」者也。然社會之組織，尚未大變；列國之競爭，

---

[028]　《五帝本紀》
[029]　《史記·五帝本紀》，既言神農氏世衰，諸侯相侵伐，弗能徵，又言炎帝欲侵陵諸侯，未免自相矛盾。頗疑《史記》此節，系採自兩書，兼存異說。蚩尤、炎帝，即系一人；逐鹿、阪泉，亦系一事。即謂不然，而蚩尤、炎帝，同系姜姓，其為同族，則無疑矣。
[030]　《史記·貨殖列傳》

亦未至甚烈；在上者亦不十分淫虐，則其民固尚可小安。是
則所謂小康之世也。其後治人者荒淫日甚；社會之組織，亦
因交通之便利，貿易之興盛，而大起變化。於是前此良善之
規制，蕩焉無存。變為一無秩序，無公理，無制裁，人人競
圖自利之世界，遂自小康降為亂世矣。當此之時，老子、許
行等，欲徑挽後世之頹波，而還諸皇古。孔子則欲先修小康
之治，以期馴致於大同。如墨子者，則又殫心當務之急，欲
且去目前之弊，而徐議其他。宗旨雖各不同，而於社會及政
治，皆欲大加改革，則無不同也。固非後世彌縫補苴，苟求
一時之安者，所可同年而語矣。[031]

---

[031]　古今社會組織之異，體段既大，頭緒甚繁。略言之則不能明；大詳，則本書
　　　　為篇幅所限，未免喧賓奪主。予別有《大同釋義》一書，論古代社會組織之
　　　　變遷，可供參考。

第四章　先秦學術之源流及其派別

　　先秦諸子之學，《大史公自序》載其父談之說，分為陰陽、儒、墨、名、法、道德六家。《漢書·藝文志》益以縱橫、雜、農、小說，是為諸子十家。其中去小說家，謂之九流。[032]《藝文志》本於《七略》。《七略》始六藝，實即儒家。所以別為一略者，以是時儒學專行。漢代古文學家，又謂儒家之學，為羲、農、堯、舜、禹、湯、文、武、周公相傳之道，而非孔子所獨有故耳，不足憑也。[033] 諸子略外又有兵書、數術、方技三略。[034] 兵書與諸子，實堪並列。數術亦與陰陽家相出入。所以別為一略，蓋以校書者異其人。至方技，則一醫家之學耳。故論先秦學術，實可分為陰陽、儒、墨、名、法、道德、

---

[032]　《漢志》曰：「諸子十家，其可觀者，九家而已。」《後漢書·張衡傳》：上疏曰：「劉向父子，領校祕書，閱定九流。」注：「九流，謂儒家、道家、陰陽家、法家、名家、墨家、縱橫家、農家、雜家。」劉子《九流篇》所舉亦同。

[033]　參下編第七章第二節。

[034]　《輯略》為諸書總要。

縱橫、雜、農、小說、兵、醫十二家也。[035]

　　諸家之學，《漢志》謂皆出王官；《淮南要略》，則以為起於救時之弊，蓋一言其因，一言其緣也。近人胡適之，著《諸子不出王官論》，力詆《漢志》之誣。殊不知先秦諸子之學，極為精深，果其起自東周，數百年間，何能發達至此？且諸子書之思想文義，皆顯分古近，決非一時間物，夫固開卷可見也。章太炎謂「九流皆出王官，及其發舒，王官所弗能與；官人守要，而九流究宣其義」。其說實最持平。《荀子》云：「父子相傳，以持王公，是故三代雖亡，治法猶存，是官人百吏之所以取祿秩也。」[036] 此即所謂守要。究宣其

----

[035]　先秦學術派別，散見古書中者尚多。其言之較詳者，則《莊子》之《天下》篇，荀子之《非十二子》篇是也。近人或據此等，以疑史漢之說，似非。案《天下》篇所列舉者，凡得六派：（一）墨翟、禽滑釐，（二）宋鈃、尹文，（三）彭蒙、田駢、慎到，（四）關尹、老聃，（五）莊周，（六）惠施、桓團、公孫龍是也。《非十二子》篇，亦分六派：（1）它囂、魏牟，（二）陳仲、史鰌，（三）墨翟、宋鈃，（四）慎到、田駢，（五）惠施、鄧析，（六）子思、孟軻是也。同一墨翟、宋鈃也，荀子合為一派，莊子析為兩派，果何所折衷邪？儒墨併為當時顯學，荀子僅斥學思孟，已非其朔；《韓詩外傳》說此文，則止十子，並無思孟；《天下》篇亦不及儒，能無遺漏之譏邪？蓋此等或就一時議論所及，或則但舉當時著名人物言之，初非通觀前後，綜論學派之說也。

[036]　《榮辱》篇。儒家通三統之說。所以欲封二王之後以大國，以此。參看下編第七章第二節。觀此，可知胡君謂古代王官，定無學術可言之誤。胡君又謂諸子之學，果與王官並世，亦必不為所容，而為所焚阬。引歐洲中世教會，焚殺哲人，禁毀科學、哲學之書為證，不知中西史事，異者多矣。歐洲中世教會之昏暴，安見中國古代，必與相符。況歐洲摧殘異學者為教會，班志所稱為王官，其事渺不相涉邪？古代明堂辟廱，合居一處。所謂大學，實為宗教之府。讀下篇附錄一可見。故以古代學校，擬歐洲中世之教會，猶有相似之處，若他官則渺不相涉矣。然古代學校，固亦無焚殺哲人、禁毀異學之事。史事非刻板者，雖大致可相印證，固不能事事相符也。

義者，遭直世變，本其所學，以求其病原，擬立方劑。見聞既較前人為恢廓，心思自較前人為發皇。故其所據之原理雖同，而其旁通發揮，則非前人所能望見也。此猶今日言社會主義者，盛極一時。謂其原於歐洲之聖西門、馬克思，固可；謂由中國今日，機械之用益弘，勞資之分稍顯，國人因而注意及此，亦無不可也。由前則《漢志》之說，由後則《淮南》之說也。不唯本不相背，亦且相得益彰矣。

　　抑諸子之學，所以必出於王官者，尚有其一因焉。古代社會，等級森嚴，平民胼手胝足，以給公上，謀口實之不暇，安有餘閒，從事學問？即有天才特出者，不假傳授，自有發明。然既乏師友之切磋，復鮮舊聞為憑藉；穴隙之明，所得亦僅，安足語於學術？即謂足廁學術之林而無愧，然伏處隴畝之中，莫或為之傳播；一再傳後，流風餘韻，亦漸即銷沉矣。[037] 貴族則四體不勤，行有餘力。身居當路，經驗饒多。父祖相傳，守之以世。子產有言：「其用物也弘矣！其取精也多矣！」其所發明，非僅恃一時一人之思慮者所能逮，尚無足怪。春秋以降，弒君三十六，亡國五十二，諸侯奔走，不得保其社稷者，不可勝數。鄉之父子相傳，以持王公取祿秩者，至此蓋多降為平民，而在官之學，遂一變而為私家之學矣。世變既亟，賢君良相，競求才智以自補；仁人

---

[037]　古小說家言，出於平民，平民之所成就者，蓋此於是。參看下編第十六章。

君子，思行道術以救世；下焉者，亦思說人主，出其金玉錦繡，取卿相之尊。社會之組織既變，平民之能從事於學問者亦日多；而諸子百家，遂如雲蒸霞蔚矣。孔子弟子三千，身通六藝者七十有二。孟子後車數十乘，從者數百人。楊朱、墨翟之言，亦盈天下。教育學術，皆自官守移於私家，世運之遷流，雖有大力，莫之能逆。秦皇乃燔詩書，禁私學；令民欲學法令，以吏為師；欲盡復西周以前，政教合一之舊，無怪其卒不能行也。

　　《漢志》謂九流之學，「各引一端，崇其所善，譬猶水火，相滅亦相生也。」此說最通。學術思想，恆由渾而之畫。古代哲學，儱侗而不分家，蓋由研究尚未精密之故。東周以降，社會情形，日益複雜，人類之思想，遂隨之而日益發皇。各方面皆有研究之人，其所發明自非前人所能逮矣。然崇其所善，遂忘他方面之重要，則亦有弊。而苟非高瞻遠矚之士，往往不免囿於一偏。諸子之學後來所以互相攻擊者以此。此殆不甚弘通之士為之，始創一說之大師，或不如是。何者？智足創立一學，自能知其學之所安立。既自知其學之所安立，則亦知他家之學所安立。各有其安立之處所，自各有其所適用之範圍。正猶夏葛冬裘，渴飲飢食，事雖殊而理則一，當相為用，不當互相誹也。《莊子‧天下》篇曰：「古之人其備乎？……明於本數，繫於末度，六通四辟，大小精

粗，其運無乎不在。……天下大亂，賢聖不明，道德不一，天下多得一察，[038] 焉以自好。譬如耳目鼻口，皆有所明，不能相通。……不該不遍，一曲之士也……是故內聖外王之道，闇而不明，鬱而不發。天下之人各為其所欲，[039] 焉以自為方。悲夫！百家往而不反，必不合矣。」即慨嘆於諸子百家之各有所明，而亦各有所蔽也。學問之事，其當分工合力，一與他事同。唯分之而致其精，乃能合之而見其大。古代學術，正在分道揚鑣之時，其不能不有所蔽，勢也。後世則諸說並陳，正可交相為用。乃或猶不免自安於一曲，甚至於入主而出奴，則殊非學問之士所宜出矣。[040]

---

[038]　句絕。
[039]　同上。
[040]　參看下編第十七章。

第五章　研究先秦諸子之法

　　先秦諸子之學，近數十年來，研究者大盛。蓋以民氣發舒，統於一尊之見漸破，而瀛海大通，遠西學術輸入，諸子之書，又多足互相印證也。諸子之書，皆去今久遠，非經校勘註釋不能明。昔時留意於此者少。清代考證學盛，始焉借子以證經，繼乃離經而治子。校勘訓釋，日益明備。自得西學相印證，義理之煥然復明者尤多。[041] 治此學於今日，蓋遠非昔時之比矣。然今治諸子之學者，亦有所蔽，不可不知。予昔有《論讀子之法》一篇，今特節錄其文如下。

　　讀古書固宜嚴別真偽，諸子尤甚。然近人辨諸子真偽之術，吾實有不甚敢信者。近人所持之術，大要有二：（一）據書中事實立論，事有非本人所能言者，即斷為偽。如胡適之摘《管子·小稱篇》記管仲之死，又言及毛嬙、西施；《立政篇》闢寢兵兼愛之言，為難墨家之論是也。（二）則就文字

---

[041]　如《墨子》之《經》、《經說》、《大取》、《小取》諸篇，昔幾無人能讀，今則可解者十七八，即由得歐西論理之學，以相參證也。

立論。如梁任公以《老子》中有偏將軍上將軍之名，謂為戰國人語；又或以文字型制之古近，而辨其書之真偽是也。予謂二法皆有可採，而亦皆不可專恃。何則？子為一家之學，與集為一人之書者不同。故讀子者，不能以其忽作春秋時人語，忽為戰國人之言，而疑其書之出於偽造；猶之讀集者，不能以其忽祖儒家之言，忽述墨家之論，而疑其文非出於一人。先秦諸子，大抵不自著書。今其書之存者，大抵治其學者所為，而其纂輯，則更出於後之人。亡佚既多，輯其書者，又未必通其學。不過見講此類學術之書，共有若干，即合而編之，而取此種學派中最有名之人，題之曰某子云耳。然則某子之標題，本不過表明學派之詞，不謂書即其人所著。與集部書之標題為某某集者，大不相同。書中記及其人身後之事，及其文詞之古近錯出，固不足怪。至於諸子書所記事實，多有訛誤，此似誠有可疑。然古人學術，多由口耳相傳，無有書籍，本易偽誤；而其傳之也，又重其義而輕其事。如胡適之所摘莊子見魯哀公，自為必無之事。然古人傳此，則但取其足以明義；往見者果為莊子與否，所見者果為魯哀公與否，皆在所不問；豈唯不問，蓋有因往見及所見之人，不如莊子及魯哀公之著名，而易為莊子與魯哀公者矣。然此尚實有其事，至如孔子見盜蹠等，則可斷定並其事而無之；不過作者胸中，有此一段議論，乃託之孔子、盜蹠耳。

此則所謂寓言也。此等處，若據之以談史實自易謬誤。然在
當時，固人人知為寓言。故諸子書中所記事實，乖繆者十有
七八，而後人於其書，仍皆信而傳之。胡適之概斷為當時之
人，為求利而偽造，又譏購求者之不能別白，亦未必然也。
說事如此，行文亦然。今所傳五千言，設使果出老子，則其
書中偏將軍上將軍，或本作春秋以前官名，而傳者乃以戰國
時之名易之，此如今譯書者，於書中外國名物，易之以中國
名物耳，雖不免失真，固與偽造有別也。又古人之傳一書，
有但傳其意者，有兼傳其詞者。兼傳其詞者，則其學本有口
訣可誦，師以是傳之徒，徒又以是傳之其徒，如今瞽人業算
命者，以命理之書，口授其徒然。此等可傳之千百年，詞句
仍無大變。但傳其意者，則如今教師之講授，聽者但求明其
意即止，迨其傳之其徒，則出以自己之言。如是三四傳後，
其說雖古，其詞則新矣。故文字氣體之古近，亦不能以別其
書之古近也，而況於判其真偽乎？明於此，則知諸子之年代
事蹟，雖可知其大略，而亦不容鑿求。若更據諸子中之記
事，以談古史，則尤易致誤矣。諸子中之記事，十之七八為
寓言；即或實有其事，人名地名及年代等，亦多不可據；彼
其意，固亦當作寓言用也。據此以考事實，苟非十分謹慎，
必將治絲益棼。今人考諸子年代事蹟者，多即以諸子所記之
事為據。既據此假定諸子年代事蹟，乃更持以判別諸子書之

信否焉，其可信乎？一言蔽之，總由不知子與集之異，太重視用作標題之人而已。

　　以上皆《論讀子之法》原文。此外尚有一事宜知者，曰：「先秦之學純，而後世之學駁。凡先秦之學，皆後世所謂專門；[042] 而後世所謂通學，則先秦無之也。」此何以故？曰：凡學皆各有所明，故亦各有其用。因人之性質而有所偏主，固勢不能無。即入主出奴，亦事所恆有。然此必深奧難明之理，介於兩可之間者為然。若他家之學，明明適用於某時某地，證據確鑿者，則即門戶之見極深之士，亦不能作一筆抹殺之談。此群言淆亂，所以雖事不能免，而是非卒亦未嘗無準也。唯此亦必各種學問，並行於世者已久，治學之士，於各種學問，皆能有所見聞而後可。若學問尚未廣布，欲從事於學者，非事一師，即無由得之；而所謂師者，大抵專主一家之說，則為之弟子者，自亦趨於暖姝矣。先秦之世，學術蓋尚未廣布，故治學者，大抵專主一家。墨守之風既成，則即有兼治數家者，亦必取其一而棄其餘。墨子學於孔子而不說，遂明目張膽而非儒；陳相見許行而大說，則盡棄其所受諸陳良之學，皆是物也。此雜家所以僅兼採眾說，而遂足自成為一家也。[043]

---

[042]　　此謂專守一家之說，與今所謂專治一科之學者異義。
[043]　　以當時諸家皆不能兼採也。若在後世，則雜家遍天下矣。

　　職是故，治先秦之學者，可分家而不可分人。何則？先秦諸子，大抵不自著書；凡所纂輯，率皆出於後之人。[044]欲從其書中，搜尋某一人所獨有之說，幾於無從措手；而一家之學，則其言大抵從同。故欲分別其說屬於某人甚難，而欲分別其說屬於某家則甚易。此在漢世，經師之謹守家法者尚然。清代諸儒，搜輯已佚之經說，大抵恃此也。[045]故治先秦之學者，無從分人，而亦不必分人。茲編分論，均以家為主。一書所述，有兼及兩家者，即分隸兩家之下，[046]諸子事蹟，但述其可信者；轉於其書之源流真偽，詳加考證焉，亦事所宜然也。

---

[044]　張孟劬嘗以佛家之結集譬之。
[045]　讀陳氏父子之《三家詩遺說考》、《今文尚書經說考》，即可見之。
[046]　如《墨子》中論名學者，即歸入名家之中。

下編
分論

第六章　道家

■ 第一節　總論

　　道家之學，《漢志》云：「出於史官，歷記成敗存亡禍福古今之道，然後知秉要執本，清虛以自守，卑弱以自持，此君人南面之術也。」「清虛以自守，卑弱以自持」，實為道家最要之義。《禮記·學記》曰：「君子如欲化民成俗，其必由學乎？」又曰：「古之王者，建國君民，教學為先。」其所言者，為君人南面之學可知。而其下文云：「學無當於五官，五官弗得不治。」又曰：「君子大德不官，大道不器。」此即「清虛以自守」之註腳。世唯不名一長者，乃能兼採眾長；亦唯不膠一事者，乃能處理眾事。故欲求用人，必先無我。司馬談稱道家之善曰：「因陰陽之大順，採儒墨之善，撮名法之要，與時遷移，應物變化。」又曰：「其術以虛無為本，以因循為用。無成勢，無常形，故能究萬物之情。不為物先，不為物後，故能為萬物主。有法無法，因時為業。

有度無度，因物與合。故曰：聖人不朽，時變是守。」蓋謂此也。至於卑弱以自持，則因古人認宇宙之動力為循環之故。《老子》曰：「有物混成，先天地生。寂兮寥兮，獨立而不改，周行而不殆，可以為天下母。吾不知其名，字之曰道。強為之名曰大。大曰逝，逝曰遠，遠曰反。」此言宇宙之本，唯是動力，而其動之方向為循環也。唯自然力之方向為循環，故凡事無不走回頭路者，而盛強絕不足恃。故曰「反者道之動」，又曰「夫物藝藝，各復歸其根」，又曰「萬物並作，吾以觀其復」也。夫如是，故有禍福倚伏之義。故貴知白守黑，知雄守雌。此蓋觀眾事而得其會通，而知柔弱者可以久存，剛強者終必挫折，遂乃立為公例。所謂歷記成敗存亡禍福者也。內「清虛以自守」，外「卑弱以自持」，「君人南面之術」盡於此矣。此《漢志》所謂「秉要執本」者也。

　　《史記‧老子韓非列傳》云：「老子，周守藏室之史也。」《索隱》云：藏室史，乃周藏書室之史也。又《張蒼傳》：「老子為柱下史，蓋即藏室之柱下，因以為官名。」又《張丞相列傳》：「秦時為御史，主柱下方書。」《集解》：「如淳曰：方，版也，謂書事在版上者也。秦以上置柱下史，蒼為御史，主其事。」《索隱》：「周、秦皆有柱下史，謂御史也。所掌及侍立恆在殿柱之下。故老子為周柱下

史。今在秦代亦居斯職。」案《漢書・百官公卿表》:「御
史大夫,秦官,掌副丞相。有兩丞,一曰中丞,在殿中蘭
臺,掌圖籍祕書。」如《索隱》言,藏室柱下為一官,實
即御史,則老子所居,似即中丞之職。然此語殊難定。《史
記・蕭相國世家》云:「沛公至咸陽,諸將皆爭走金帛財物
之府分之,何獨先入收秦丞相御史律令圖書藏之。」「漢
王所以具知天下厄塞,戶口多少,強弱之處,民所疾苦
者,以何具得秦圖書也。」此圖書,即《漢表》所謂圖籍,
指地圖戶籍言。蓋何之所收止是,其所謂祕書者,則委而
去之矣。然《漢志》所謂歷記成敗存亡禍福古今之道者,
實當在祕書之中也。竊疑藏室所藏,正是此物。所謂道德
五千言者,實藏室中之故書,而老子著之竹帛者耳。[047]
今姑弗論此,而道家出於史官之說,則信而有徵矣。丞相
掌丞天子助理萬機,而御史大夫,掌副丞相,皆總攬全域
性,與他官之專司一事者不同。其能明於君人南面之術,
固其所也。

　　職是故,道家之學,實為諸家之綱領。諸家皆專明一節
之用,道家則總攬其全。諸家皆其用,而道家則其體。《漢
志》抑之儒家之下,非也。今分論諸家,以道家為首。

---

[047]　參看下節。

▉ 第二節　老子

　　道家之書，傳於今者，以《老子》為最古。《漢志》所著錄者，有《黃帝四經》、《黃帝銘》、《黃帝君臣》、《雜黃帝》、《力牧》[048]、《伊尹》、《辛甲》[049]、《周訓》、《太公》、《鬻子》，皆在《老子》前。然多出於依託。今《列子·天瑞》篇引《黃帝書》二條，黃帝之言一條，《力命》篇亦引《黃帝書》一條。《天瑞》篇所引，有一條與《老子》書同，餘亦極相類。今《老子》書辭義甚古；[050] 又全書之義，女權皆優於男權，俱足徵其時代之早。吾謂此書實相傳古籍，而老子特著之竹帛，或不誣邪？其書出於誰某不可知，[051] 然必託諸黃帝，故漢時言學術者，恆以黃、老並稱也。[052]《史記》云：「老子，楚苦縣厲鄉曲仁裡人也。」漢苦縣，今河南鹿邑縣。地本屬陳，陳亡乃入楚，或以《史記》楚人之言，遂斷老子為南方之學，與孔子北方之學相對，則大非。[053] 姑

---

[048]　黃帝相。
[049]　紂臣。
[050]　全書皆三四言韻語；間有散句，蓋後人所加；與東周時代之散文，截然不同。一也。書中無男女字，但稱牝牡，足見其時之言語，尚多與後世殊科。二也。
[051]　亦不必成於一人。
[052]　黃老之學，後來為神仙家所附會，乃有疑黃非黃帝，老非老子者，非也。參看附錄三自明。《論衡·自然》篇：「黃者黃帝也，老者老子也」，此《漢書》所謂黃、老者，即黃帝、老子之確證。
[053]　此說始於日本人，梁任公《論中國學術思想變遷之大勢》引之。襲其說者頗多。柳翼謀已辨之矣。

無論苦縣本非楚地；即謂老子為楚人，而其所學，為託諸黃帝之學，其必為北方之學可知。《史記》云：「老子居周久之，見周之衰，乃遂去。至關，關令尹喜曰：子將隱矣，強為我著書。於是老子乃著書上下篇，言道德之意五千餘言而去，莫知其所終。」此關或以為函關，或以為散關，難定；要未必南行之關。即謂為南行之關，[054] 而老子學成而後南行，亦與其所著之書無涉也。孔子曰：「寬柔以教，不報無道，南方之強也。」「衽金革，死而不厭，北方之強也。」此南方指中國，北方指北狄言，非以江河流域對舉也。春秋時河域之國，曷嘗有「衽金革，死而不厭」之俗？吳、楚皆稱慓悍，又曷嘗能「寬柔以教，不報無道」邪？

老子行事，不甚可考，唯孔子問禮於老子，古書多載之。《禮記‧曾子問》，載老聃之言數條，皆涉禮事，足為孔子問禮之一證。或以《老子》書上道德而賤仁義，尤薄禮，因疑此老聃與作五千言者非一人，亦非。知禮乃其學識，薄禮是其宗旨，二者各不相干。猶明於法律者，不必主任法為治，且可尊禮治而薄法治也。不然，古書載此事，何不曰問道，而皆曰問禮邪？《史記》云：「莫知其所終」，而《莊子‧養生主》篇，明載老聃之死。或老子事蹟，史公有不備知；

---

[054] 或以令尹為楚官名，有此推測。然古人著書，多以後世語道古事；亦多以作者所操之語易本名。此等處，皆難作誠證也。

或《莊子》書為寓言，難定。要《史記》之意，必非如後世
神仙家之所附會，則可斷也。下文又云：「或曰：老萊子亦
楚人也，著書十五篇，言道家之用，與孔子同時云。蓋老子
百有六十餘歲，或言二百餘歲。以其修道而養壽也。自孔子
死之後百二十九年，而史記周太史儋見秦獻公，曰：始秦與
周合，合五百歲復而離，離七十歲而霸王者出焉。或曰儋即
老子，或曰非也，世莫知其然否。」此百餘言，乃後人記識
之語，混入本文者。他不必論，「世莫知其然否」六字，即一
望而知其非西漢人文義矣。[055]

《史記》云：老子著書五千餘言，與今書字數大略相合。
此書古代即多引用闡發之者，其辭句皆略與今本同，[056] 可知
今書必多存舊面目。故老子之行事，可徵者甚鮮，而其書則
甚可信也。

老子之宇宙觀，與自古相傳之說同。以宇宙之根原，為
一種動力。故曰：「穀神不死，是謂玄牝。玄牝之門，是謂
天地根。綿綿若存，用之不勤。」谷者，空虛之義。神即指
動力言之。不死，猶言不息。玄者，深遠之義。牝者，物之

---

[055]　古書為魏、晉後通道教者竄亂亦頗多。《史記·自序》，載其父談《論六家要
　　　指》，末曰：「凡人所生者神也，所託者形也。神大用則竭，形大勞則敝，
　　　形神離則死。死者不可復生，離者不可復反，故聖人重之。由是觀之：神
　　　者，生之本也；形者，生之具也；不先定其神，而曰：我有以治天下，何由
　　　哉？」與上文全不相涉，亦信神仙者記識之語，混入本文者也。
[056]　近人楊樹達輯《老子古義》一書，極可看。

所由生。言幽深玄遠之境，實為天地之所自出也。其力不息，而人不能覺，故曰：「綿綿若存，用之不勤。」又曰：「道可道，非常道。名可名，非常名，無名天地之始，有名萬物之母。故常無慾以觀其妙，常有欲以觀其徼。此兩者同出而異名。同謂之玄，玄之又玄，眾妙之門。」常同尚，古假為上字。名之為物，因形而立。[057]宇宙開闢，物各有其特異之形，乃可錫以特異之名。若其初，則唯是一氣而已。氣無異形，則亦無異名。故曰：「名可名，非上名」，「無名天地之始，有名萬物之母」也。物之生皆依於道。如天地之生萬物，人之生子是。然此已非其朔。語其朔，則必未有天地之時，生天地之道，乃足以當之，故曰：「道可道，非上道」也。欲為谷之借字，為空隙之義。下文云：「常無慾可名於小。」言最初唯有構成萬物之原質，而無萬物；此構成萬物之原質，即最小之分子，更不可分，故無空隙。無空隙，則可名之曰小矣。[058]「常無慾以觀其妙」同意。妙當作眇，即今渺字。言最初唯有分子，而無萬物之時，可以見宇宙之微眇也。徼為皦之假字。本書曰：「其上不昧，其下不皦。」皦對昧言，乃明白之義。言分子既集合而成萬物，則其形明白

---

[057]　《管子‧心術》：「以其形，因為之名。」又曰：「凡物載名而來，聖人因而裁之。」

[058]　於曰同字。

可見也。有形 [059] 無形 [060] 同出一境，此境則謂之玄。言極幽深玄遠。此幽深玄遠之境，實為構造天地萬物之微細之原質所自出，故曰「眾妙之門」也。說皆古代哲學通常之義，本亦無甚難解。特其辭義甚古，後世神仙之家皆自託於老子，又利其然而肆行附會，遂至如塗塗附耳。今故不避其繁而詳釋之。

老子推原宇宙，極於一種不可知之動力；又認此動力之方向為循環，因之得禍福倚伏，知雄守雌之義，已見前節。此為道家通常之義，無俟縷陳。至其社會及政治思想，則湮晦數千年，有不得不亟為闡發者。

老子之所慨想者，亦為農業共產之小社會。與孔子所謂大同者，正系同物。所謂「小國寡民。使有什百之器而不用。使民重死而不遠徙。雖有舟輿，無所乘之；雖有甲兵，無所陳之。使民復結繩而用之」也。夫日食大牢者，不可使之復茹其粟。今乃欲使已經進化之社會，逆行而復返於榛狉之境，此論者所以疑道家之說為不可行也，而不知此殊非道家之意。蓋物質文明之進步，與社會組織之複雜，純係兩事，其間並無因果關係。不幸此世界上，現存而昌盛之社會，此兩者之進行，偶爾相偕。其有不然者，則其社會或已

---

[059]　天地萬物。
[060]　構成天地萬物之原質。

覆亡，或尚滯於野蠻之境。世遂謂兩者必相平行。其實物質
文明之進步，乃人類知識之進步有以致之。與其社會組織之
墮落，了無干涉。向使人類社會，永無階級之分，一守其大
同之世，「不獨親其親，不獨子其子；貨惡其棄於地，不必藏
於己；力惡其不出於身，不必為己」之舊，其知識亦未必不
進步；知識進步，其制馭天然之力，亦未有不隨之而進步者。
且社會組織安和，則無阻礙進步，及毀壞已成之功之事，其
進步必更一日千里，遠勝於今。雖事無可徵，而理實可信。
彼謂學問技術之進步，皆以人類自利之心為之基，實為最謬
之語。近世進步之速，乃由有已發明之科學為之基。科學肇
興之始，果愛好真理為之乎？抑亦有如今日，懸賞以獎勵發
明者致之也？且人類之有發明，數十萬年矣；私產制度之行，
則數千年耳。古人之所發明，雖視今日為拙；其進步，雖較
近世為遲；然其性質則無以異。私產未興之世，又有何私利
以鼓動之邪？故知此等，全系習於社會之病態，而忘其健康
時之情形之說也。知此，乃可以讀道家之書。

　　道家之所攻擊者，全在社會組織之不合理，而不在物質
之進步。然其言一若攻擊物質文明者，則以物質之進步，與
社會之墮落平行。物質實在不合理之社會中進化。凡所創
造，皆以供少數人之淫侈，[061] 社會雖因物質之進步而蒙福，

---

[061]　讀《淮南子·本經訓》可見。

亦因淫侈之增加而受禍，故大聲疾呼而攻擊之。設使物質之
進步，皆以供大多數人之用，道家必不攻擊之矣。此猶今日
極守舊之人，仍有以機器為奇技淫巧，而欲閉關絕市者。其
見解固甚頑陋，然亦因此等物，實隨外力之侵略而俱來，故
有此憤激不平之念。設使西人之來，與我和親康樂，日以利
民之物，供我之用，吾敢決全國無一人排斥之也。今者欲閉
關絕市，盡去守舊之徒之所謂奇技淫巧者，誠不可得。然謂
現代之文明，必與帝國主義相附；現代之文明不毀滅，即帝
國主義終不可去，有是理乎？細讀道家之書，自見其所攻擊
者，皆為社會之病態，無一語及於物質文明，欲毀壞之，而
使社會復返於榛狉之境者。孟子曰：「說《詩》者，不以文害
詞，不以詞害意；以意逆志，是為得之。」豈唯說《詩》，讀
一切古書，皆當如是矣。

　　古代民權不發達，一國之事，恆操於少數貴族之手。此
少數貴族，則唯務剝民以自利，以遂其淫侈之慾。甚至爭城
爭地，或眩惑於珠玉重器，糜爛其民而戰之。民固深被其
殃，彼亦未嘗不還受其禍。古代之亡國敗家，由此者蓋不少
也。[062] 故老子深戒之。曰：「五色令人目盲；五音令人耳聾；
五味令人口爽；馳騁田獵，令人心發狂；難得之貨，令人行
妨。」又曰：「甚愛者必大費，多藏者必厚亡。」又曰：「以

[062]　詳見拙撰《大同釋義》第五篇。

道佐人主者，不以兵強天下。其事好還。師之所處，荊棘生焉。大兵之後，必有凶年。」又曰：「夫佳[063]兵者不祥之器，物或惡之，故有道者不處。」

　　古所謂大同郅治之世，其民初無階級之分。故其利害不相衝突。利害不相衝突，則無相賊害之事。人既不相賊害，自不必有治之之法律，並不必有教之之訓條矣。道德[064]法律，其為物雖殊，其為既有惡之後，乃教人去之，而使之從事於所謂善，則一也。然則既有道德法律，其社會，即非純善之社會矣。故曰：「天下皆知美之為美，斯惡矣。皆知善之為善，斯不善矣。」又曰：「失道而後德，失德而後仁，失仁而後義，失義而後禮。夫禮者，忠信之薄而亂之首。」又曰：「大道廢，有仁義；慧知出，有大偽；六親不和，有孝慈；國家昏亂，有忠臣」也。隨社會之變亂，而日出其法以治之，此猶治病者日事對證療法，而不為根本之圖。治法愈繁，其去健康愈遠。則何如盡棄現在之法，而別為治本之計乎？故曰：「絕聖棄知，民利百倍。絕仁棄義，民復孝慈。絕巧棄利，盜賊無有。」此所謂聖知者，非明於事理之聖知，乃隨社會病態之變幻，而日出其對證療法以治之之聖知。然則所謂孝慈者，亦非真父子相愛之孝慈，乃父子相夷，而禁

---

[063]　同唯。
[064]　此非老子書所謂道德，乃今日通常所用之道德字也。

之使不得然之孝慈；所謂巧者，非供民用之械器；所謂利者，
非厚民生之物品；乃專供少數人淫佚之物，使民豔之而不能
得，而因以引起其爭奪之心者耳。老子又曰：「民之飢，以其
上食稅之多；[065] 民之難治，以其上之有為；[066] 民之輕死，以
其奉生之厚」，[067] 謂此也。所謂絕聖棄知，自非爭訟未息，
而先去法庭；盜賊遍野，而先去軍警。然徒恃軍警及法庭，
終不可謂治之至，而必別有其根本之圖，則其義皎然矣。《老
子》曰：「化而欲作，吾將鎮之以無名之樸。無名之樸，[068]
夫 [069] 亦將無慾。不欲以靜，天下將自定。」此語看似迂闊。
然設使今日之豪富，能盡革其淫佚之習；有權力者，能盡棄
其權力，而一與凡民同，民果尚有欲乎？民皆無慾，天下尚
有不定者乎？此義誠非旦夕可行，然語夫治之至，則捨此固
莫屬也。

　　人心之險惡，既因社會組織之墮落而然，非因物質文
明之進步而至，則知《老子》所謂「古之善為道者，非以明
民，將以愚之」，絕不足怪。何則？人對於天然之知識，及
其克服天然之能力，雖日有增加，斷不至因此而相欺相賊。
至於詐愚之智，侵恇之勇，則本乃社會之病態；此猶病者之

---

[065]　言有奢侈者，則使人相形之下，自覺其貧乏。
[066]　言以權力伏人，即不啻教人知有權力，而其人亦將用權力以相抗。
[067]　言輕死者，皆因迫於貧乏，而其自覺貧乏，正因其生活程度之高。
[068]　此上疑奪「鎮之以」三字。
[069]　彼也。

神經過敏，本須使之鎮靜，乃能復於康健也。故謂道家欲譭棄物質文明，或謂道家欲閉塞人民之知識，皆全失道家之意者也。

■ 第三節　莊子

　　莊子之學，與老子相似而實不同。《天下》篇曰：「芴漠無形，變化無常。死與生與？天地並與？神明往與？芒乎何之？忽乎何適？萬物畢羅，莫足以歸。古之道術有在於是者，莊周聞其風而悅之。」此數語，最能道出莊子學術真相。莊子之意：以為天地萬物，皆一氣變化所成，其變化人無從預知之；故同在宇宙之中者，彼此亦不能相知。世之執其所見，自謂能知者，均屬妄說。執此妄說，而欲施諸天下，則紛擾起矣。故治天下之法，莫如泯是非。泯是非則不執成見。凡事皆當盡力考察，隨時變換辦法，以求適合，即今重客觀而戒恃主觀之說也。至於人之所以自處，則將來之禍福，既不可知，自莫如委心任運，聽其所之。心無適莫，則所謂禍者，即已根本無存矣。老子之主清虛，主卑弱，仍係為應事起見，所談者多處事之術；莊周則意在破執，專談玄理，故曰其學相似而不同。然其宗旨，則究於老子為近。故《史記》謂其「於學無所不窺，然其要本，歸於老子之言」；而《莊子》書中，稱頌老子之辭，亦最多也。

　　莊周，《漢志》云宋人。《史記》云「蒙人，嘗為蒙漆園吏。」漢蒙縣故城，在今河南商丘縣東北，故宋境也。《漢志》云其書五十二篇，而今傳本只三十三篇。陸德明曰：「《漢志》：《莊子》五十二篇，即司馬彪、孟氏所注是也。言多詭誕，或類占夢書，故注者以意去取。其《內篇》眾家並同。自餘或有外而無雜。唯郭子玄所注，特會莊生之旨，故為世所貴。」郭《注》即今本也。[070] 凡《內篇》七，《外篇》十五，《雜篇》十一。除《雜篇》中之《說劍》、《漁父》、《列禦寇》三篇外，大抵精絕。蓋其雜者，已為前人所刪矣。論者多獨重《內篇》，實未免以耳為目也。

　　《莊子·天地》篇曰：「泰初有無，無有無名。一之所起，有一而未形。物得以生謂之德。[071] 未形者有分，且然無間謂之命。[072] 留 [073] 動而生物，物成生理謂之形。形體保神，各有儀則謂之性。」此推原物之所自始也。《知北遊》曰：「人之生，氣之聚也。聚則為生，散則為死。」「朽腐復化為神奇，神奇復化為朽腐，故曰通天下一氣耳。」《寓言》曰：「萬物皆種也，以不同形相禪。」此言物既成之後，

[070]　其注實本於向秀，可看《四庫書目提要》。
[071]　此言萬物之生，皆系分得大自然之一部分。
[072]　有分，言有彼此之分界。蓋物體同出於大自然。設無彼此之分界，則只渾然之一體，不能成其為物也。且同祖，始也。然，成也。無間，即小之義。物之始成，其體極小，所謂萬物始於至微也。
[073]　《釋文》云「或作流」，當從之。

仍變化不已也。故曰：「彼出於是，是亦因彼。」又曰：「方生方死，方死方生。」此等變化，莊子以為即萬物所自為，而非別有一人焉以司之。故《齊物論》篇，譬諸風之萬竅怒號，而曰：「吹萬不同，而使其自己，咸其自取，怒者其誰」也。

設使世界而如宗教家之說，有一天神焉以主之，則其原因至簡，能知此天神，即能知世界之真相矣。若萬物之變化，其原因即在乎萬物，則以世界之廣大，現象之紛繁，遍觀盡識，勢有不能，又何從知變化之所自，而據以逆測其將來？故莊子之論世界，逕以為不可知也。其說盡於《秋水》篇「量無窮，時無止，分無常，終始無故」四語。量無窮，從空間言；時無止，從時間言；分無常，言物之變化不定；[074]終始無故，則言其因果之不可知也。

人不唯不能知世界也，亦彼此不能相知。以凡物所恃以為知之官能不同，而其所處之境又不同也。《齊物論》：「齧缺問於王倪曰：子知物之所同是乎？曰：吾惡乎知之？曰：子知子之所不知邪？曰：吾惡乎知之？然則物無知邪？曰：吾惡乎知之？」即此理。

不唯彼此不能相知也，即己亦不能自知。以人之情緣境而異，而其所處之境，無從預知也。《齊物論》曰：「麗之姬，

---

[074]　此可為彼；彼亦可以為此，故其界限不立。

晉國之始得之也，涕泣沾襟。及其至於王所，與王同筐床，食芻豢，而後悔其始之泣也。」此與「夢飲酒者旦而哭泣，夢哭泣者旦而田獵」何異？「方其夢也，不知其夢也，夢之中又占其夢焉，覺而後知其夢也。且有大覺而後知此其大夢也。」故曰：「予惡乎知說生之非惑邪？予惡乎知惡死之非弱 [075] 喪而不知歸者邪？」

　　人之有知，唯恃感覺，而感覺實不足恃，此世界之所以終不可知也。《天道》篇曰：「視而可見者，形與色也；聽而可聞者，名同聲也。悲夫！世人以形色名聲為足以得彼之情！夫形色名聲，果不足以得彼之情，則知者不言，言者不知，而世豈識之哉？」謂此也。

　　即謂形色名聲，為可以得物之情，亦唯能得其形跡，而合諸物而成之共相，不可知也。《則陽》篇曰：「少知問於大公調曰：何謂丘裡之言？大公調曰：丘裡者，合十姓百名而以為風俗也。今指馬之百體而不得馬，而馬繫於前者，立其百體而謂之馬也。是故丘山積卑而為高，江河合小而為大，大人合併而為公。萬物殊理，道不私，故無名。」理者分形，道者共相，合馬之百體，人能知為馬；合殊理之萬物，人不能知為道，以其一有形，一無形；一體小而繫於前，一則不能遍察也。

---

[075]　同溺。

　　然則人之所謂知者，皆強執一見而自以為是耳，所謂「隨其成心而師之」也。若去此成心，則已空洞無物。故曰：「未成乎心而有是非，猶今日適越而昔至」，言其無是理也。[076]

　　是非既不可知，故辯論之勝負，全與是非無涉。《齊物論》曰：「使我與若辯，若勝我，我不若勝，若果是也？我果非也邪？我勝若，若不我勝，我果是也？而果非也邪？」「使同乎若者正之，既與若同矣，惡能正之？使同乎我者正之，既同乎我矣，惡能正之？使異乎我與若者正之，既異乎我與若矣，惡能正之？使同乎我與若者正之，既同乎我與若矣，惡能正之？」蓋世既無一人能真知他人，自無一人能判定他人之是非者，顧執一己之是非，而欲強天下以從我，無怪其徒滋紛擾也。然執一己之是非，以為天下之公是非不可，而在一定標準之下，而曰：我之是非如是，則固無不可。所謂「彼亦一是非，此亦一是非」也。故曰：「以道觀之，物無貴賤；以物觀之，自貴而相賤；以俗觀之，貴賤不在己。」[077]

　　天下既無是非矣，復事學問何為？曰：不然，摧邪所以顯正。莊生之齊是非，正以執一己之是非，以為天下之公是

---

[076]　名家之「今日適越而昔來」，別是一理，見後。此則隨俗為解，以為必無之義，蓋此本成語，名家反其意以顯名理，莊生則隨俗用之也。

[077]　《秋水》。

非者，貽害甚烈，故欲辭而闢之耳。知一己之是非，不可以為天下之公是非，則能隨順萬物，使萬物各得其所；而己之所以自處者，亦得其道矣。《秋水》篇：北海若語河伯以齊是非之旨。河伯詰之曰：「然則何貴於道。」北海若曰：「知道者必達於理，達於理者必明於權，明於權者不以物害己。」「知道者必達於理」，謂明於原理，則能知事物之真相。「達於理者必明於權」，言能知事物之真相，則能知其處置之方也。解牛者「依乎天理」，「因其固然」；[078] 養虎者「時其飢飽，達其怒心」，[079] 正是此旨。《則陽》篇：「長梧封人謂子牢曰：君為政焉勿鹵莽，治民焉勿滅裂。昔予為禾，耕而鹵莽之，則其實亦鹵莽而報予；藝而滅裂之，則其實亦滅裂而報予。」強執一己之是非，而施諸天下，終必召鹵莽滅裂之報，正由其不知道，不明理，故不達權，以至於是也。

此皆莊周之治術也。至其自處之方，則在於順時而安命。蓋自然之力甚大，吾固無從與之抗；不能與抗，而強欲抗之，則徒自尋煩惱而已。《大宗師》曰：「夫藏舟於壑，藏山於澤，謂之固矣，然而夜半，有力者負之而走。」又曰：「父母於子，東西南北，唯命之從。陰陽於人，不翅於父母。彼近吾死，而我不聽，我則悍矣，彼何罪焉。」皆極言

---

[078] 《養生主》。
[079] 《人間世》。

自然力之不可抗也。自然力既不可抗，則唯有委心任運，聽其所之。故曰：「達生之情者，不務生之所無以為；達命之情者，不務知之所無奈何。」夫一切聽其自然，似不足避禍而得福者。然所謂禍福者，本非身外實有此境，乃吾心自以為福，以為禍耳。《庚桑楚》篇所謂：「寇莫大於陰陽無所逃於天地之間。非陰陽賊之，心則使之也。」心苟泯乎禍福之見，則禍已不待去而去，禍去即得福矣。故「安時而處順，哀樂不能入」，為莊周所謂養生之主。

執偽是非以為真是非，而遂至於禍天下者，可舉實事為證。[080]《則陽》篇曰：柏矩「之齊，見辜人焉，推而強之，解朝服而幕之，號天而哭之，曰：子乎！子乎！天下有大菑，子獨先離之。曰：莫為盜，莫為殺人。榮辱立，然後睹所病；貨財聚，然後睹所爭。今立人之所病，聚人之所爭，窮困人之身使無休時，欲無至此，得乎？」「匿為物而愚不識，大為難而罪不敢，重為任而罰不勝，遠其途而誅不至。民知力竭，則以偽繼之。日出多偽，士民安取不偽？伏力不足則偽，知不足則欺，財不足則盜。盜竊之行，於誰責而可乎？」此節所言，見得世俗所謂功罪者，皆不足以為功罪，而強執之以賞罰人，其冤酷遂至於此，此則齊是非之理，不

---

[080]　此原未必實事。然造作寓言者，必察社會之情形可有此事而後從而造之。故寓言之作，雖謂與實事無別，亦無不可也。

可以不明審矣。《胠篋》篇曰：「為之斗斛以量之，則並與斗斛而竊之。為之權衡以稱之，則並與權衡而竊之。為之符璽以信之，則並與符璽而竊之。為之仁義以矯之，則並與仁義而竊之。」尤為說得痛快。蓋竊仁義之名，以行不仁不義之實，正唯不仁不義者而後能之。是則仁義之立，徒為能行仁義者加一束縛，更為不仁不義之人，資之利器耳。是以仁義為藥，對治不仁不義之病，絲毫未能有效，且因藥而加病也。夫必世有不仁不義之事，而後仁義之說興；非仁義之說既興，而世乃有不仁不義之事。故謂立仁義之說者，導人以為不仁不義，立仁義之說者，不任受怨也。然以仁義之名，對治不仁不義之病，只限於其說初立之一剎那頃。[081] 此一剎那頃既過，即仁義之弊已形，執之即轉足為病。故曰：「仁義者，先王之蘧廬，可以一宿，而不可以久處也。」然世之知以仁義為蘧廬者鮮矣。已陳舊之道德，古今中外之社會，殆無不執之以致禍者。此則莊生之所以瘏口嘵音，欲齊是非以明真是非也。

第四節　列子

《漢志》有《列子》八篇。注曰：「名圄寇，先莊子，莊子稱之。」今本出於晉張湛。湛《序》謂其祖得之外家王氏，

---

[081]　即尚未為不仁不義者所竊之時。

則王弼之徒也。此書詞旨，多平近不似先秦古書處。篇中屢及周穆王西遊事，皆與《山海經》、《穆天子傳》等相符。又有西極幻人之說，明系魏、晉後人語。[082] 此書為湛所偽造，似無可疑。然必謂其絕無根據，則亦不然。今此書內容，與他古書重複者正多。汪繼培謂「原書散佚，後人依採諸子，而稍附益之」，最為得實。湛《序》云「所明往往於佛經相參，大同歸於老、莊。屬辭引類，特於《莊子》相似。莊子、慎到、韓非、屍子、淮南子多稱其言。」即湛自道其依採附益之供狀也。

　　此書蓋佛教初輸入時之作。然作者於佛家宗旨，並未大明，故所言仍以同符老、莊者為多，與《莊子》尤相類。《莊子》書頗難讀，此書辭意俱較明顯，以之作《莊子》參考書最好。徑認為先秦古書固非，謂其徹底作偽，全不足觀，亦未是也。

　　魏、晉人註釋之哲學書，具存於今者有三：（一）王弼之《易注》，（二）郭象之《莊子注》，（三）即此書也。而此書尤易看，看此三種注，以考魏、晉人之哲學，亦良得也。

　　今此書凡八篇。第一篇《天瑞》，第五篇《湯問》，乃書中之宇宙論。言宇宙為人所不能知，極端之懷疑論也。

---

[082]　《山海經》為古方士之書，見第九章。其中又有漢以後人，以所知域外地理羼入者。《穆天子傳》亦此類。世多以其言地理與實際相合而信之，殊不知此正其偽造之據也。西極幻人，即漢世之黎軒眩人，見《漢書·西域傳》。

第二篇《黃帝》，言氣無彼我，彼我之分由形。不牽於情而任氣，則與物為一，而物莫能害。第三篇《周穆王》，言真幻無異。第四篇《仲尼》，言人當忘情任理。此等人生觀，亦與《莊子》相同。其發揮機械論定命論最透澈者，為《力命》、《說符》二篇，其理亦皆莊生書中所已有，特莊生言之，尚不如此之極端耳。古代哲學，方面甚多，而魏、晉獨於此一方面，發揮十分透澈，亦可知其頹廢思想之所由來也。《楊朱》一篇，下節論之。

▌第五節　楊朱

　　楊朱之事，散見先秦諸子者，大抵與其學說無涉，或則竟系寓言。唯《孟子》謂「楊子取為我，拔一毛而利天下，不為也」，當系楊朱學術真相。孟子常以之與墨子並關，謂「楊朱、墨翟之言盈天下」；又謂「逃墨必歸於楊，逃楊必歸於儒」，則其學在當時極盛。今《列子》中有《楊朱》一篇，述楊子之說甚詳。此篇也，或信之，或疑之。信之者如胡適之，謂當時時勢，自可產生此種學說。疑之者如梁任公，謂周、秦之際，決無此等頹廢思想。予謂二說皆非也。楊朱之學，蓋仍原出道家。道家有養生之論，其本旨，實與儒家修齊治平，一以貫之之理相通。然推其極，遂至流於狹義之為我與頹廢，所謂作始也簡，將畢也巨，此學問所以當

謹末流之失也。

道家養生之論,《老子》已言之。如曰:「貴以身為天下,若可寄天下。愛以身為天下,若可託天下」是也。[083]《莊子》之《繕性》、《讓王》,《呂覽》之《貴生》、《不二》,《淮南》之《精神》、《道應》、《詮言》諸篇,發揮此義最為透澈。《讓王》篇曰:「堯以天下讓許由,許由不受。又讓於子州支父。子州支父曰:以我為天子,猶之可也。雖然,我適有幽憂之病,方且治之,未暇治天下也。夫天下至重也,而不以害其生,又況他物乎?唯無以天下為者,可以託天下也。」天下至重,而不以害其生,則與楊子之拔一毛利天下不為近矣,而顧曰可以託天下,何也?道家之意,以為人生於世,各有其所當由之道,即各有其所當處之位。人人能止乎其位,則無利於人,亦無害於人,而天下可以大治。若其不然,一出乎其所當處之位,則必侵及他人之位;人人互相侵,則天下必亂,固不問其侵之之意如何也。[084] 道家之言治,所以貴反性命之情者以此。[085] 故道家之言養生,其意原欲以治天下。《執一》篇曰:「楚王問為國於詹子。詹子對曰:何聞為身,不聞為國。詹子豈以國可無為哉?以為為國之本,在於為

---

[083]　若同乃。此語諸子之言養生者多引之。
[084]　此亦道家所以齊是非之一理。唯如此,故謂仁義非人性,伯夷、盜蹠,失性則均也。可參看莊子《駢拇》、《馬蹄》兩篇。
[085]　人人反其性命之情,則能各安其位矣。

身，身為而家為，家為而國為，國為而天下為。故曰：以身為家，以家為國，以國為天下。此四者異位同本。故聖人之事，廣之則極宇宙，窮日月，約之則無出乎身者也。」可謂言之深切著明矣。天下國家，與身異位同本，理頗難明。《淮南‧精神訓》論之最好。其說曰：「知其無所用，貪者能辭之；不知其無所用，廉者不能讓也。夫人主之所以殘亡其國家，捐棄其社稷，身死於人手，為天下笑，未嘗非為欲也。夫仇由貪大鐘之賂而亡其國，虞君利垂、棘之璧而禽其身，獻公豔驪姬之美而亂四世，桓公甘易牙之和而不以時葬，胡王淫女樂之娛而亡土地。使此五君者，適情辭餘，以己為度，不隨物而動，豈有此大患哉？」此從消極方面言之也，若從積極方面言之，則其說見於《詮言訓》。《詮言訓》曰：「原天命，治心術，理好憎，識惰性，則治道通矣。原天命則不惑禍福。治心術則不妄喜怒。理好憎則不貪無用。適情性則欲不過節。不惑禍福，則動靜循理。不妄喜怒，則賞罰不阿。不貪無用，則不以欲用害性。欲不過節，則養性知足。凡此四者，弗求於外，弗假於人，反己而得矣。」「適情辭餘，以性為度」，乃養生論之真諦。「原天命，治心術，理好憎，適情性」，即所謂反其性命之情也，唯反其性命之情者，乃可以養生；亦唯反其性命之情者，乃能為天下。故曰：「唯無以天下為者，可以託天下」也。世之不明此理者，每謂天下

之治，有待人為。殊不知如是，則吾已出乎其位，出位即致亂之原。雖一時或見其利，而將來終受其弊。故桀、紂之亂在目前，而堯、舜之亂，在千世之後。何則？古之人好爭，好爭則亂，於是以禮讓為教。夫以禮讓治當時之亂則可矣；然講禮讓太過，其民必流於弱；中國今日，所以隱忍受侮，不能與外族競者，則禮讓之教，入人太深為之也。然如德意志，承霸國之餘業，席累勝之遺烈，志欲併吞天下，囊括歐洲，終以過剛而折。夫其今日之摧折，則其前此之軍國主義之訓練為之也；而其前此之盛強，則亦此故。凡出乎其位之事，雖得利於一時，未有不蒙禍於將來者。佛說世人所為，「如以少水，而沃冰山，暫得融解，還增其厚」，理正由此。今中國自傷其弱，而務求強，其將來，難保不為從前之德意志；歐洲之人，經大戰之創痛，而思休養生息，其將來，又安保不為今日之中國？然則謂中國今日之弱，乃前此之教禮讓者致之；德意志今日之摧折，乃前此之唱軍國主義者致之，固無不可。即謂中國將來之失之過剛，仍系昔之教禮讓者貽之禍；歐洲將來之過弱，仍系前此唱競爭者種之因，亦無不可也。一事之失，輾轉受禍，至於如此；然則孰若人人各安其位，不思利人，亦不思利己之為當哉？故《列子》載楊朱之言曰：「善治外者，物未必治；善治內者，物未必亂。以若之治外，其法可以暫行於一國，而未合於人心；以我之治

內，可推之於天下。」又曰：「古之人，損一毫利天下，不與
也；悉天下奉一身，不取也。人人不損一毫，人人不利天下，
天下治矣。」夫人人不損一毫，則無堯、舜；人人不利天下，
則無桀、紂；無桀、紂，則無當時之亂；無堯、舜，則無將
來之弊矣。故曰天下治也。楊子為我之說如此；以哲學論，
亦可謂甚深微妙；或以自私自利目之，則淺之乎測楊子矣。[086]

　　然則楊朱之說，即萬物各當其位之說，原與儒家相通。
然所謂位者，至難言也。以人人論，則甲所處之位，非乙所
處之位；以一人論，則今所處之位，非昔所處之位。以位之
萬有不同，所謂當其位者，亦初無一定形跡。「禹、稷、顏
子，易地則皆然」；「窮則獨善其身，達則兼善天下」，皆是
理也。然則處乎君師之位者，即以一夫不獲為予辜，亦不為
出其位；遭值大亂之時，又懷救世之志者，即如孔子之周遊
列國，亦不為出其位。若但執七尺之軀為我，以利此七尺之
軀為為我，而執此為當處之位，則謬矣。然智過其師，乃能
傳法。此一種學說，推行既廣，必不能無誤解其宗旨之人。
此楊氏之末流，所以流於無君，而孟子所以闢之也。然則如
《楊朱》篇所載之頹廢思想，乃楊學之末流，固非楊子之咎，
而亦不得謂楊氏之徒無此失也。《列子》固系偽書，其所謂

---

[086]　《淮南‧氾論》篇曰：「全性保真，不以物累形，楊子之所立也。」可見楊子
　　　為我之義，出於道家之養生論。

《楊朱》篇者，亦或不可信。然《莊子・盜跖》篇，設為盜跖
告孔子之辭曰：「今吾告子以人之情，目欲視色，耳欲聽聲，
口欲察味，志氣欲盈。人上壽百歲，中壽八十，下壽六十；
除病瘦[087]死喪憂患，其中開口而笑者，一月之中，不過四五
日而已矣。天與地無窮，人死者有時，操有時之具，而託於
無窮之間，忽然無異騏驥之馳過隙也。不能說其志意，養其
壽命者，皆非通道者也。丘之所言，皆吾之所棄也。亟去走
歸，毋復言之。子之道，狂狂汲汲，詐巧虛偽事也，非所以
全真也，奚足論哉！」與《列子・楊朱》篇所謂「徒失當年
之至樂，不能自肆於一時，重囚累梏，何以異哉？」「生則
堯舜，死則腐骨；生則桀紂，死則腐骨。腐骨一矣，孰知其
異？且趣當生，奚皇死後」者，又何以異？跖之言曰：「不能
說其志意，養其壽命者，皆非通道」；又曰：「子之道，非所
以全真」，皆可見其所持，為道家養生論之流失也。《列子》
此篇，蓋真偽參半。蓋剿取先秦古籍，而又以己意潤飾之
者耳。

第六節　管子鶡冠子

　　《管子》，《漢志》隸之道家，《隋志》隸之法家，然實成
於無意中之雜家也。書中道法家言誠精絕，然關涉他家處尤

---

[087]　瘦之誤。瘦即瘶，瘶，病也。

多。如《幼官》、《幼官圖》、《四時》、《五行》、《輕重》已為陰陽家言；《七法》、《兵法》、《地圖》、《參患》、《制分》、《九變》為兵家言；《霸言》為縱橫家言；《地員》為農家言是也。諸家之書，所傳皆少，存於此書中者，或轉較其當家之書為精；即以道法家言論，亦理精文古，與老、莊、商、韓，各不相掩。真先秦諸子中之瑰寶也。

孟子斥公孫丑曰：「子誠齊人也，知管仲、晏子而已矣。」管、晏之功烈，齊人蓋稱道弗衰。凡有傳說，一以傅之，而學者亦自託於此以為重，勢也。晏子之書，傳於今者，有《晏子春秋》，大抵記晏子行事。《管子》記行事者有《大匡》、《中匡》、《小匡》、《霸形》、《小稱》、《四稱》諸篇。《中匡》、《小匡》及《立政》、《乘馬》、《問》、《入國》、《度地》諸篇，又多記治制。蓋較晏子書尤恢廓矣。制度果出管子與否，誠難質言，然必不容憑空虛構，霸國之遺烈，固因之而可考矣。《輕重》諸篇，予疑為農家言，別於論農家時述之。此說確否，予亦未敢自信。然輕重之說，諸家皆不道，唯《管子》書為特詳，則亦其書之所以可貴也。

《漢志》有《鶡冠子》一篇，《注》曰：「楚人，居深山，以鶡為冠。」今本凡三卷，十九篇。有宋陸佃注。《四庫提要》曰：「佃《序》謂韓愈讀此稱十六篇，未睹其全。佃，北宋人，其時古本《韓文》初出，當得其真。今本《韓文》乃

亦作十九篇，殆後來反據此書以改韓集。」王闓運曰：「道家
《鶡冠子》一篇，縱橫家《龐煖》二篇。《隋志》道家有《鶡
冠》三卷，無《龐煖》書，而篇卷適相合，隋以前誤合之。」
今案此書，第七、第八、第九、第十四、第十五諸篇，皆龐
子問而鶡冠子答。第十六篇，趙悼襄王問於龐煖。十九篇，
趙武靈王問於龐煖。蓋龐子趙將，而鶡冠子則龐子之師，此
其所以誤合也，此書義精文古，決非後世所能偽為，全書多
道、法二家言，又涉明堂陰陽之論，[088] 與《管子》最相似。
第九篇言治法，尤與《管子》大同。蓋九流之學。流異源
同，故荊楚學者之言，與齊託諸仲父之書相類也。

■ 第七節　其餘諸家

道家之學，其書具存於今者，略如上述。外此諸家，則
書已不存，僅能於他家書中，見其大略矣。

《莊子·天下》篇，以彭蒙、田駢、慎到三人為一派，謂
其「齊萬物以為首」，「知萬物皆有所可，有所不可，故曰：
選則不遍，教則不至，道則無遺者矣。」「是故慎到棄知去
己，而緣不得已。泠汰於物，以為道理。」[089]「不師知慮，
不知前後。推而後行，曳而後往。夫無知之物，無建己之

---

[088]　第六、第八、第十、第十七諸篇。
[089]　郭注：「泠汰，猶聽放也。」

患，無用知之累，動靜不離於理，是以終身無譽。故曰：至
於若無知之物而已，無用賢聖。」「豪傑相與笑之曰：慎到
之道，非生人之行，而至死人之理，適得怪焉。田駢亦然，
學於彭蒙，得不教焉。」[090] 高誘《呂覽注》，亦謂「田駢
齊生死，等古今」，則此三人學說，實與今莊生書所載者相
近。《史記・孟荀列傳》曰：「慎到，趙人。田駢、接子，齊
人。環淵，楚人。皆學黃、老道德之術，因發明序其指意。
故慎到著十二篇，環淵著上下篇，而田駢、接子，皆有所論
焉。」《漢志》亦有《田子》二十五篇，《捷子[091]》二篇，《蜎
子[092]》十三篇。皆亡。而《慎子》四十二篇，在法家。[093]

　　《史記》謂老子著書，出於關尹之慫恿。《漢志》有《關
尹子》九篇。《注》曰：「名喜，為關吏。老子過關，喜去吏
而從之。」《莊子・天下》篇，亦以二人列為一派，則其學之
相近可知。今之《關尹子》，多闡佛理，又雜以陰陽之說。
並有龍虎、嬰兒、蕊女、金樓、絳宮、寶鼎、紅爐等名。蓋
融合後世之道家言及佛說而成者。其文亦似佛經，全不類先
秦古書。凡作偽書，無如此不求似者。蓋其意非欲偽古，真
是借題古書之名，使人易於寓目耳。

---

[090]　蓋即「教則不至」之教。
[091]　即接子。
[092]　即環淵。
[093]　今存者五篇，多法家言。

　　道家偽書，又有《鬻子》。案《漢志》，道家有《鬻子》二十二篇，《注》曰：「名熊，為周師。自文王以下問焉。周封，為楚祖。」小說家又有《鬻子》說十九篇，《注》曰：「後世所加。」《隋志》：道家，《鬻子》一卷，小說家無。《舊唐志》，小說家有，道家無。《新唐志》同《隋志》。今本凡十四篇，卷首載唐永徽四年華州縣尉逄行珪進表。各篇標題，皆冗贅不可解。又每篇皆寥寥數語，絕無精義。《列子》之《天瑞》、《黃帝》、《力命》三篇，各載《鬻子》之言一條。《賈子·修政下》，亦載文王等問於鬻子事七章。此書皆未採及，偽書之極劣者也。

　　《漢志》：《文子》九篇。《注》「老子弟子，與孔子並時，而稱周平王問，似依託者也。」今本《文子》，多襲《淮南》，亦取《莊子》、《呂覽》，多淺鄙之言。引《老子》處，尤多誤解，決為後世偽書。又非《漢志》所謂依託者矣。

　　此外諸家，或名氏僅見他書，學術宗旨，更無可考，今皆略之。

第七章　儒家

第一節　總論

　　《漢志》云：「儒家者流，蓋出於司徒之官，助人君順陰陽明教化者也。」《淮南要略》云：「周公繼文王之業，持天子之政，以股肱周室，輔翼成王。懼爭道之不塞，臣下之危上也。故縱馬華山，放牛桃林，敗鼓折枹，搢笏而朝，以寧靜王室，鎮撫諸侯。成王既壯，能從政事，周公受封於魯，以此移風易俗。孔子修成、康之道，述周公之訓，以教七十子，使服其衣冠，修其篇籍，故儒者之學生焉。」今觀儒家之書，大抵推崇教化，稱引周典，《淮南子》及《班志》之語，誠為不誣，然《中庸》言：「仲尼祖述堯、舜，憲章文、武；上律天時，下襲水土。」自此迄於篇末，舊《注》皆以為稱頌孔子之辭。孟子曰：「自有生民以來，未有孔子也。」

又引宰予之言曰：「以予觀於夫子，賢於堯、舜遠矣。」[094]
皆以為德參天地，道冠古今。《論語》載孔子之言曰：「周監
於二代，鬱郁乎文哉！吾從周。」[095] 然又載其答顏淵為邦之
問曰：「行夏之時，乘殷之輅，服周之冕，樂則韶舞。」[096]
其治法實兼採四代。「服周之冕」，為凡尚文之事示之例，
即《論語》從周之義。乘殷之輅，為凡尚質之事引其端，則
《春秋》變周之文從殷之質之義。知從周僅孔門治法之一端；
孔子之道，斷非周公所能該矣。案儒之為言柔也。漢人多以
儒墨並稱，亦以儒俠對舉。竊意封建之壞，其上流社會，自
分為二，性寬柔若世為文史者則為儒，性強毅若世為戰士者
則為俠，孔因儒以設教，墨藉俠以行道。儒者之徒，必夙有
其所誦習之義，服行之道，孔子亦因而仍之。此凡孔子之徒
所共聞，然初非其至者。孔子之道之高者，則非凡儒者所與
知。故弟子三千，達者不過七十；而性與天道，雖高弟如子
貢，猶嘆其不得聞也。[097] 然孔子當日，既未嘗自別於儒，
而儒家亦皆尊師孔子，則論學術流別，固不得不謂為儒家。
《漢志》別六藝於諸子之外，實非也。今述孔子，仍列諸儒家
之首。

---

[094]　《公孫丑上》。
[095]　《八佾》。
[096]　《衛靈公》。
[097]　《公冶長》。

▎第二節　孔子

孔子之道，具於六經。六經者，《詩》、《書》、《禮》、《樂》、《易》、《春秋》也。以設教言，則謂之六藝；以其書言，則謂之六經。詩、書、禮、樂者，大學設教之舊科。儒家偏重教化，故亦以是為教，《易》與《春秋》，則言性與天道，非凡及門所得聞，尤孔門精義所在也。[098]

六經皆先王舊典，而孔子因以設教，則又別有其義。漢儒之重六經，皆以其為孔子所傳，微言大義所在，非以其為古代之典籍也。西京末造，古文之學興。輕微言大義而重考古。乃謂六經為伏羲、堯、舜、禹、湯、文、武、周公之傳，別六藝於儒家之外，而經學一變，而儒家之學，亦一變矣。[099] 今古文之是非，今亦不欲多論。然欲知孔子之道，則非取今文學家言不可。不然，六經皆破碎之古書，讀之將了無所得，正不獨《春秋》有斷爛朝報之譏矣。今試就六經略敷陳其大義如下：

今文《詩》有魯、齊、韓三家。今唯韓詩尚存《外傳》，餘皆亡。《外傳》及《詩》之本義者甚少。然今所傳《詩序》，雖為《古文》家言，而《大序》總說詩義處，實

---

[098]　參看附錄一《六藝》。
[099]　參看附錄二《紀傳說記》。

取諸三家。[100]節取其辭，實可見《詩》之大義也。案《詩》分風、雅、頌三體。《詩大序》曰：「《風》，風也，教也。風以動之，教以化之。」「上以風化下，下以風刺上，主文而譎諫，言之者無罪，聞之者足以戒。故曰《風》。至於王道衰，禮義廢，政教失，國異政，家殊俗，而變風、變雅作矣。國史明乎得失之跡。傷人倫之廢，哀刑政之苛，吟詠情性以風其上，達於事變而懷其舊俗者也。故變風，發乎情，止乎禮義。發乎情，民之性也。止乎禮義，先王之澤也。是以一國之事，系一人之本，謂之《風》。言天下之事，形四方之風，謂之《雅》。雅者，政也。政有小大，故有小雅焉，有大雅焉。《頌》者，美盛德之形容，以其成功告於神明者也。」其釋風、雅、頌之義如此。《王制》：天子巡狩，「命大師陳詩，以觀民風」。《公羊》何注曰：「五穀畢入，民皆居宅。」「男女有所怨恨，相從而歌。飢者歌其食，勞者歌其事。男年六十，女年五十無子者，官衣食之，使之民間求詩。鄉移於邑，邑移於國，國以聞於天子。故王者不出牖戶，盡知天下所苦；不下堂，而知四方。」[101]蓋古之詩，非如後世文人學士所為，皆思婦勞人，鬱結於中，脫口而出。故聞其辭可以知其意，因以知

---

[100]　魏源說，見《詩古微》。
[101]　宣公十五年。

066

風俗之善惡，政教之得失焉。詩與政治之關係如此。至其
關係身心，亦有可得而言者。陳氏澧《東塾讀書記》曰：
《漢書·藝文志》云：齊韓詩或取《春秋》，採雜說，咸非
其本義。今本《韓詩外傳》，有元至正十五年錢唯善序云：
斷章取義，有合於孔門商賜言詩之旨。[102]澧案孟子云：憂
心悄悄，慍於群小，孔子也，[103]亦外傳之體。《禮記》中
《坊記》《中庸》《表記》《緇衣》《大學》引《詩》者，尤
多似《外傳》。蓋孔門學《詩》者皆如此。其於《詩》義，
洽熟於心，凡讀古書，論古人古事，皆與《詩》義相觸
發，非後儒所能及。案讀古書論古人古事如此，則其觸發
於身所涉歷之際者可知。蓋《詩》為文學，故其感人之力
最偉，而有以移易其惰性於不自知之間也。子曰：「《詩》
三百，一言以蔽之，曰思無邪。」[104]又曰：「詩可以興，
可以觀，可以群，可以怨。邇之事父，遠之事君。」[105]又
曰：「不學《詩》，無以言。」[106]又曰：「誦《詩》三百，
授之以政，不達；使於四方，不能專對。雖多，亦奚以
為？」[107]《詩》與身心之關係如此。

---

[102]　案此指《論語》「貧而無諂」，「巧笑倩兮」兩章。見《學而》、《八佾》篇。
[103]　案見《盡心下》篇。
[104]　《論語·為政》。
[105]　同上《陽貨》。
[106]　同上《季氏》。
[107]　同上《子路》。

《書》之大義，讀《孟子·萬章上》篇，可以見其一端。此篇載萬章之問曰：「堯以天下與舜，有諸？」孟子曰：「否。天子不能以天下與人。」「然則舜有天下也，孰與之？」曰：「天與之。」又問曰：「人有言：至於禹而德衰，不傳於賢而傳於子。有諸？」孟子曰：「否，不然也。天與賢，則與賢；天與子，則與子。」而所謂天者，仍以朝覲訟獄謳歌之所歸為徵驗，而引《泰誓》「天視自我民視，天聽自我民聽」之言以明之。蓋立君所以為民，一人不容肆於民上之義，實賴孟子而大昌。數千年來，專制淫威，受其限制不少。豈徒功不在禹下而已。然此非孟子之言，乃孔門書說也。何以知其然？以孟子之言，皆與《尚書大傳》及《史記·五帝本紀》同。伏生固《尚書》大師，馬遷亦從孔安國問故者也。《漢書·儒林傳》：「兒寬初見武帝，語經學。上曰：吾始以《尚書》為樸學，弗好。及聞寬說，可觀。乃從寬問一篇。」可知《書》之大義，存於口說者多矣。

《禮經》十七篇，今稱《儀禮》。以古文學家以《周官經》為大綱，以此書為細目故也。其實《周官經》乃政典，與此書之性質，絕不相同。[108] 禮者，因人之情而為之節文，乃生活之法式。唯有禮，然後「富不足以驕，貧不至於

---

[108]　《唐六典》、《明清會典》，乃周官經之類。《開元禮》、《政和五禮》、《清通禮》，則儀禮之類。特多詳王禮，非復如禮經為天下之達禮耳。

約。」[109] 非如後世，但有權力，有財產，便可無所不為也。今人多以禮為鄰於壓制，殊不知「禮之所尊，尊其義也。」[110] 條文節目，本當隨時變更，故曰：「禮，時為大。」[111] 後人執古禮之形式，以為天經地義，而禮乃為斯民之桎梏；逆人情而強行，非復因人情而為之節文矣。此誠為無謂，抑且有弊。然要不得因此並禮之原理而亦排擯之也。《禮經》十七篇，用諸喪、祭、射、鄉、冠、昏、朝、聘，[112] 實為天下之達禮。蓋孔子因舊禮所修。其義則皆見於其傳，如《禮記》之冠昏、鄉射、燕聘諸義是，其言皆極粹美也。

　　《樂》無經。其義具見於《禮記》之《樂記》。此篇合十一篇而成，見疏。《呂覽・仲夏紀》與之略同。蓋儒家相傳舊籍也。讀之，可見樂以化民，及以禮樂陶淑身心之旨。

　　《易》與《春秋》，為孔門最高之學。《易緯・乾鑿度》曰：「易一名而含三義，所謂易也，變易也，不易也。」又云：「易者其德也。光明四通，簡易立節。天以爛明。[113] 日月星辰，布設張列。通精無門，藏神無穴。不煩不擾，澹泊不失」。「變易者其氣也。天地不變，不能通氣」。「不易者其位也。天在上，地在下。」鄭玄依此義，作《易贊》及《易

[109]　《禮記・坊記》。
[110]　《禮記・郊特牲》。
[111]　《禮記・禮運》。
[112]　說見邵氏懿辰《禮經通論》。
[113]　此下疑奪一句。

論》云：「《易》一名而含三義：易簡一也，變易二也，不易三也。」[114] 案變易，謂宇宙現象，無一非變動不居。所以戒執一而有窮變通久之義。不易則從至變之中，籀得其不變之則。故致治之道，雖貴因時制宜，而仍有其不得與民變革者，所謂有改制之名，無改道之實；而亦彰往所以能知來，所由百世以俟聖人而不惑也。簡易者，謂極複雜之現象，統馭於極簡單之原理。莫或為之，曾不差忒。此則治法所以貴因任自然，而賤有為之法也。此為孔門哲學之根本。其他悉自此推演而出，亦皆可歸納於此。

　　《易》與《春秋》相表裡。《易》籀繹人事，求其原於天道。《春秋》則根據天道，以定人事設施之準。所謂「《易》本隱以之顯，《春秋》推見至隱」也。《春秋》之大義，在張三世，通三統。通三統者，言治法有忠質文之遞嬗。故王者當封先代二王之後以大國，使服其服，行其禮樂，以儲存其治法。待本朝治法之弊，而取用焉。其說見於《春秋繁露·三代改制質文》篇。《史記·高祖本紀贊》曰：「夏之政忠。忠之敝，小人以野，故殷人承之以敬。敬之敝，小人以鬼，故周人承之以文。文之敝，小人以僿，故救僿莫若以忠。三王之道若循環，終而復始。」即此義也。張三世者，《春秋》二百四十年，分為三世：始曰據亂，繼曰昇平，終曰太平。

---

[114]　《周易正義·八論》論《易》之三名。

據亂之世，內其國而外諸夏。昇平之世，內諸夏而外夷狄。
太平之世，遠近大小若一。《春秋》所言治法，分此三等，蓋
欲依次將合理之治，推之至於全世界也。《易》與《春秋》皆
首元。何君《公羊解詁》曰：「《春秋》變一為元。元者，氣
也。無形以起，有形以分。造起天地，天地之始也。」「《春
秋》以元之氣，正天之端；以天之端，正王之政；以王之政，
正諸侯之即位；以諸侯之即位，正竟內之治。」此謂治天下
當根據最高之原理，而率循之，以推行之，至乎其極也。

　　然則何者為孔子之所謂郅治乎？讀《禮運》一篇，則知
孔子之所慨想者，在於大同。而其行之之序，則欲先恢復小
康，故其於政治，主尊君而抑臣。尊君抑臣，非主張君主專
制。以是時貴族權大，陵虐小民者皆此輩，尊君抑臣，政
出一孔，正所以使小民獲蘇息也。其於人民，主先富而後
教。[115] 孔子未嘗言井田。然觀其先富後教之說，則知孟子言
先制民之產，而後設為庠序學校以教之，其說亦出孔子。教
民之具，以禮樂為最重。以其能感化人心，範其行為，而納
諸軌物；非徒恃刑驅勢迫，使之有所畏而不敢不然也。此蓋
其出於司徒之官之本色。

　　孔子之言治，大略如此，至其立身之道，則最高者為中
庸。蓋無論何時何地，恆有一點，為人之所當率循；而亦唯

---

[115]　見《論語·子路·子適衛》章。

此一點，為人之所當率循；稍過不及焉，即非是。所謂「差
之毫釐，謬以千里」也。修己治人，事雖殊而理則一。修己
者，不外隨時隨地，求得其當守之一點而謹守之。所謂「擇
乎中庸，拳拳服膺而勿失之」也。治天下之道，亦不外乎使
萬物各當其位。能使萬物各當其位，而後我之所以為我者，
乃可謂毫髮無遺憾。以人之生，本有將世界之事，措置至無
一不善之責任，所謂「宇宙間事，皆吾性分內事」也。[116]
故曰「能盡其性，則能盡人之性；能盡人之性，則能盡物之
性；能盡物之性，則可以贊天地之化育；可以贊天地之化育，
則可以與天地參」也。此以行為言。若以知識言，則重在發
見真理。真理謂之誠。所謂「誠者天之道，思誠者人之道」
也。[117] 孟子曰：「萬物皆備於我矣，反身而誠，樂莫大焉。」
即此理。[118]

中庸之道，幡天際地，而其行之則至簡易，所謂「君子
素其位而行，不願乎其外」也。「素富貴，行乎富貴；素貧
賤，行乎貧賤；素夷狄，行乎夷狄；素患難，行乎患難；君
子無入而不自得焉。在上位不陵下，在下位不援上，正己而
不求於人，則無怨。上不怨天，下不尤人。故君子居易以俟
命，小人行險以徼倖。」此以處己言也。以待人言，其道亦

---

[116]　陸象山之言。
[117]　以上皆引《中庸》。
[118]　《盡心上》。

至簡易，絜矩而已矣。《大學》曰：「所惡於上，毋以使下；所惡於下，毋以事上；所惡於前，毋以先後；所惡於後，毋以從前；所惡於右，毋以交於左；所惡於左，毋以交於右；此之謂絜矩之道。」待人之道，反求諸己而即得，此何等簡易乎？然而行之，則終身有不能盡者矣。《中庸》曰：「子曰：君子之道四，丘未能一焉。所求乎子以事父，未能也。所求乎臣以事君，未能也。所求乎弟以事兄，未能也。所求乎朋友先施之，未能也。庸德之行，庸言之謹；有所不足，不敢不勉；有餘，不敢盡。言顧行，行顧言。君子胡不慥慥爾。」終身行之而不能盡之道，只在日用尋常之間，為聖為賢，至於毫髮無遺憾，舉不外此，所謂「極高明而道中庸」也。孔子所以能以極平易之說，而範圍中國之人心者數千年，以此。

孔子為大教育家，亦為大學問家。弟子三千，身通六藝者七十有二，私人教育之盛，前此未有也。孔子每自稱「學不厭，教不倦」，可見其誨人之勤。又曰：「不憤不啟，不悱不發；舉一隅，不以三隅反，則不復也。」亦可見其教學之善。《禮記·學記》一篇，所述雖多古代遺法，亦必有孔門口說矣。孔子曰：「吾嘗終日不食，終夜不寢，以思，無益，

不如學也。」[119] 又曰:「學而不思則罔,思而不學則殆。」[120]
可見其於理想及經驗,無所畸重。古書中屢稱孔子之博學。
《論語》載達巷黨人之言,亦曰:「大哉孔子,博學而無所成
名,」[121] 然孔子對曾參及子貢,兩稱「吾道一以貫之」,[122]
即其明徵也。

　　孔子非今世所謂宗教家,然宗教家信仰及慰安之精神,
孔子實饒有之,其信天及安命是也。孔子之所謂天,即真理
之謂。[123] 篤信真理而確守之,盡吾之力而行之;其成與不,
則聽諸天命焉。[124] 雖極熱烈之宗教家,何以過此?

　　此外孔子行事,足資矜式者尚多,皆略見《論語》中,
茲不贅述。

▌附錄一　六藝

　　六藝傳自儒家,而《七略》別之九流之外。吾昔篤信南
海康氏之說,以為此乃劉歆為之。歆欲尊周公以奪孔子之
席,乃為此,以見儒家所得,亦不過先王之道之一端,則
其所崇奉之《周官經》,其可信據,自在孔門所傳六藝之上

---

[119]　《論語·衛靈公》。
[120]　《論語·為政》。
[121]　《子罕》。
[122]　《論語·裡仁》、《衛靈公》。
[123]　《論語·八佾》子曰:「獲罪於天,無所禱也。」集註曰:「天即理也。」
[124]　《論語·憲問》子曰:「道之將行也與?命也。道之將廢也與?命也。」

矣。由今思之，殊不其然。《七略》之別六藝於九流，蓋亦有所本。所本唯何？曰：《詩》、《書》、《禮》、《樂》，本大學設教之舊科。邃古大學與明堂同物。《易》與《春秋》，雖非大學之所以教，其原亦出於明堂。儒家出於司徒。司徒者，主教之官，大學亦屬矣。故其設教，仍沿其為官守時之舊也。

古有國學，有鄉學。國學初與明堂同物，詳見學制條。《王制》曰：「樂正崇四術，立四教，順先王詩書禮樂以造士。春秋教以禮樂，冬夏教以詩書。」詩書禮樂，追原其朔，蓋與神教關係甚深。禮者，祀神之儀；樂所以娛神，詩即其歌辭；書則教中典冊也。古所以尊師重道，「執醬而饋，執爵而酳」，「袒而割牲」，北面請益而弗臣，蓋亦以其教中尊宿之故。其後人事日重，信神之念日澹，所謂詩書禮樂，已不盡與神權有關。然四科之設，相沿如故，此則樂正之所以造士也。唯儒家亦然。《論語》：「子所雅言，詩書執禮。」[125] 言禮以該樂。又曰：「興於詩，立於禮，成於樂。」[126] 專就品性言，不主知識，故不及《書》。子謂伯魚曰：「學詩乎？」「學禮乎？」[127] 則不舉《書》，而又以《禮》該《樂》。雖皆偏舉之辭，要可互相鉤考，而知其設科一循大學之舊也。

---

[125]　《論語·述而》。
[126]　《論語·泰伯》。
[127]　《論語·季氏》。

　　《易》與《春秋》，大學蓋不以是設教。然其為明堂中物，則亦信而有徵。《禮記·禮運》所言，蓋多王居明堂之禮。而曰：「王前巫而後史，卜筮瞽侑，皆在左右。」《春秋》者，史職，《易》者，巫術之一也。孔子取是二書，蓋所以明天道與人事，非凡及門者所得聞。子貢曰：「夫子之文章，可得而聞也。夫子之言性與天道，不可得而聞也。」[128] 文章者，《詩》、《書》、《禮》、《樂》之事；性與天道，則《易》道也。孔子之作《春秋》也，「筆則筆，削則削，子夏之徒，不能贊一辭。」[129] 子夏之徒且不讚，況其下焉者乎？《孔子世家》曰：「孔子以詩書禮樂教，弟子蓋三千焉。身通六藝者，七十有二人。」此七十有二人者，蓋於《詩》、《書》、《禮》、《樂》之外，又兼通《易》與《春秋》者也。[130]

　　六藝之名，昉見《禮記·經解》。《經解》曰：「孔子曰，入其國，其教可知也。其為人也，溫柔敦厚，《詩》教也。疏通知遠，《書》教也。廣博易良，《樂》教也。絜靜精微，《易》教也。恭儉莊敬，《禮》教也。屬辭比事，《春秋》教也。故《詩》之失愚，《書》之失誣，《樂》之失奢，《易》之失賊，

---

[128]　《論語·公冶長》。
[129]　《史記·孔子世家》。
[130]　《孔子世家》曰：「孔子晚而喜《易》。……讀《易》，韋編三絕。曰：假我數年，若是，我於易則彬彬矣。」與《論語·述而》：「加我數年，五十以學《易》，可以無大過矣」合。疑五十而知天命，正在此時。孔子好《易》，尚在晚年，弟子之不能人人皆通，更無論矣。

《禮》之失煩，《春秋》之失亂。」[131] 曰「其教」，則其原出於學可知也。《繁露·玉杯》曰：「君子知在位者之不能以惡服人也，是故簡六藝以贍養之。《詩》、《書》序其志，《禮》、《樂》純其義，《易》、《春秋》明其知。」云「以贍養」、「在位」者，則其出於《大學》，又可知也。《繁露》又曰：「六藝皆大，而各有所長。《詩》道志，故長於質。《禮》制節，故長於文。《樂》詠德，故長於風。《書》著功，故長於事。《易》本天地，故長於數。《春秋》正是非，故長於治人。」《史記·滑稽列傳》及《自序》，辭意略同。[132] 此孔門六藝之大義也。賈生《六術》及《道德說》，推原六德，本諸道德性神明命，尤可見大學以此設教之原。古代神教，固亦自有其哲學也。

　　「《易》本隱以之顯，《春秋》推見至隱。」二者相為表裡，故古人時亦偏舉。《荀子·勸學》曰：「學惡乎始？惡乎終？曰：其數則始乎誦經，終乎讀《禮》；其義則始乎為士，終乎為聖人，真積力久則入，學至乎沒而後止也。」「故

[131]　《淮南子·泰族》：「《易》之失也卦。《書》之失也寡。《樂》之失也淫。《詩》之失也嗚。《禮》之失也責。《春秋》之失也刺。」

[132]　《滑稽列傳》曰：「孔子曰：六藝於治一也。禮以節人，樂以發和，書以道事，詩以達意，易以神化，春秋以義。」《自序》曰：「易著天地陰陽，四時五行，故長於變。《禮》經紀人倫，故長於行。《書》記先王之事，故長於政。《詩》記山川溪谷禽獸草木牝牡雌雄，故長於風。《樂》樂所以立，故長於和。《春秋》辨是非，故長於治人。是故《禮》以節人，《樂》以發和，《書》以道事，《詩》以達意，《易》以道化，《春秋》以道義。撥亂世反之正，莫近於《春秋》。」

《書》者，政事之紀也。《詩》者，中聲之所止也。《禮》者，法之大分，類之綱紀也。故學至乎《禮》而止矣。夫是之謂道德之極。《禮》之敬文也，《樂》之中和也，《詩》、《書》之博也，《春秋》之微也，在天地之間者畢矣。」古人誦讀，皆主《詩》、《樂》。[133] 始乎誦經，終乎讀禮，乃以經該《詩》、《樂》，與《禮》並言，猶言興於《詩》，立於《禮》也。下文先以《詩》、《書》並言，亦以《詩》該《樂》。終又舉《春秋》，而雲在天地之間者畢，可見《春秋》為最高之道。不言《易》者，舉《春秋》而《易》該焉。猶《史記自序》，六經並舉，側重《春秋》，非有所偏廢也。《孟子》一書，極尊崇《春秋》，而不及《易》，義亦如此。[134]

　　《莊子·徐無鬼》：「女商曰：吾所以說吾君者，橫說之則以詩書禮樂，從說之則以金版六弢。」金版六弢，未知何書，要必漢代金匱石室之倫，自古相傳之祕籍也。《太史公

---

[133]　詳見《癸巳存稿·君子小人學道是絃歌義》。
[134]　《荀子·儒效》：「《詩》言是其志也，《書》言是其事也，《禮》言是其行也，《樂》言是其和也，《春秋》言是其微也。」與《賈子書·道德說》：「《書》者，此之著者也；《詩》者，此之志者也；《易》者，此之占者也；《春秋》者，此之紀者也；《禮》者，此之體者也；《樂》者，此之樂者也。」辭意略同，而獨漏《易》，可見其系舉一以見二，非有所偏廢也。《漢書·藝文志》：「六藝之文：《樂》以和神，仁之表也。《詩》以正言，義之用也。《禮》以明體，明者著見，故無訓也。《書》以廣聽，知之術也。《春秋》以斷事，信之符也。五者，蓋五常之道，相須而備，而《易》為之原。故曰：《易》不可見，則乾坤或幾乎息矣。言與天地為終始也。」至於五學，世有變改，猶五行之更用事焉。以五經分配五行，雖不免附會。然其獨重《易》，亦可與偏舉《春秋》者參觀也。

自序》:「餘聞之先人曰:伏羲至純厚,作《易》八卦。堯、舜之盛,《尚書》載之,禮樂作焉。湯、武之隆,詩人歌之。《春秋》採善貶惡,推三代之德,褒周室,非獨刺譏而已也。」上本之伏羲、堯、舜三代,可見六藝皆古籍,而孔子取之。近代好為怪論者,竟謂六經皆孔子所自作,其武斷不根,不待深辯矣。[135]

　　《莊子・天下》曰:「以仁為恩,以義為理,以禮為行,以樂為和,薰然慈仁,謂之君子。」又曰:「古之人其備乎?配神明,醇天地,育萬物,和天下,澤及百姓。明於本數,繫於末度,六通四辟,小大精粗,其運無乎不在。其明而在度數者,舊法世傳之史,尚多有之。其在於《詩》、《書》、《禮》、《樂》者,鄒魯之士,搢紳先生,多能明之。《詩》以道志,《書》以道事,《禮》以道行,《樂》以道和,《易》以道陰陽,《春秋》以道名分。其數散於天下,而設於中國者,百家之學時或稱而道之」。以仁為恩指《詩》,以義為理指《書》,所謂薰然慈仁之君子,即學於大學之士也。此以言乎盛世。至於官失其守,則其學為儒家所傳,所謂鄒魯之士,搢紳先生者也。上下相銜,《詩》以道志二十七字,決為後人記識之語,闌入本文者。《管子・戒篇》:「博學而不自反,

---

[135]　《論衡・須頌》:「問說書者:欽明文思以下,誰所言也?曰:篇家也。篇家誰也?孔子也。」此亦與《史記》謂孔子序書傳之意同。非謂本無其物,而孔子創為之也,不可以辭害意。

必有邪，孝弟者，仁之祖也。忠信者，交之慶也。內不考孝弟，外不正忠信；澤其《四經》而誦學者，是亡其身者也」。尹《注》：「《四經》，謂《詩》、《書》、《禮》、《樂》。」其說是也。古所誦唯《詩》、《樂》，謂之經。後引伸之，則凡可誦習者皆稱經。《學記》：「一年視離《經》辨《志》。」《經》蓋指《詩》、《樂》，《志》蓋指《書》，分言之也。《管子》稱《四經》，合言之也。可見《詩》、《書》、《禮》、《樂》，為大學之舊科矣。舊法世傳之史，蓋失其義，徒能陳其數者，百家之學，皆王官之一守，所謂散於天下，設於中國，時或稱而道之者也。亦足為《詩》、《書》、《禮》、《樂》，出於大學之一旁證也。[136]

　　《詩》、《書》、《禮》、《樂》、《易》、《春秋》，自人之學習言之，謂之六藝。自其書言之，謂之《六經》。《經解》及《莊子·天運》所言是也。《天運》曰：孔子謂老聃曰：丘治《詩》、《書》、《禮》、《樂》、《易》、《春秋》六經。老子曰：夫《六經》，先王之陳跡也，豈其所以跡哉？亦可見《六經》確為先王之故物，而孔子述之也。[137]

　　六藝有二：一《周官》之禮、樂、射、御、書、數，一

---

[136]　《商君書·農戰》：「《詩》、《書》、《禮》、《樂》善修仁廉辯慧，國有十者，上無使守戰。」亦以《詩》、《書》、《禮》、《樂》並舉。

[137]　《莊子·天道》：孔子西藏書於周室，繙十二經以說。十二經不可考。《釋文》引說者云：六經加六緯。一說：《易》上下經並十翼。又一云：《春秋》十二公經。皆未有以見其必然也。

孔門之《詩》、《書》、《禮》、《樂》、《易》、《春秋》也。信
今文者，詆《周官》為偽書。信古文者，又以今文家所稱為
後起之義。予謂皆非也。《周官》雖六國陰謀之書，所述制
度，亦必有所本，不能憑空造作也。《呂覽・博志》：「養由
基、尹儒，皆文藝之人也。」文藝，一作六藝。文藝二字，
古書罕見，作六藝者蓋是。由基善射，尹儒學御，稱為六藝
之人，此即《周官》之制不誣之明證。予謂《詩》、《書》、
《禮》、《樂》、《易》、《春秋》，大學之六藝也。禮、樂、射、
御、書、數，小學及鄉校之六藝也。何以言之？曰：《周官》
大司徒，以鄉三物教萬民而賓興之，三曰六藝，禮、樂、
射、御、書、數。此鄉校之教也。保氏，「養國子以道，乃教
之六藝：一曰五禮，二曰六樂，三曰五射，四曰五馭，五曰
六書，六曰九數。」此小學之教也。《論語》：「子曰：吾何執？
執御乎？執射乎？吾執御矣。」[138] 謙，不以成德自居，而自
齒於鄉人也。[139]

　　《管子・山權數》：「管子曰：有五官技。桓公曰：何
謂五官技？管子曰：《詩》者，所以記物也。時者，所以記
歲也。《春秋》者，所以記成敗也。行者，道民之利害也。
《易》者，所以守凶吉成敗也。卜者，卜凶吉利害也。民之能

[138]　《子罕》。
[139]　六藝雖有此二義，然孔門弟子，身通六藝，自係指大學之六藝而言。不
　　　　然，當時鄉人所能，孔門能通之者，必不止七十二人也。

此者，皆一馬之田，一金之衣，此使君不迷妄之數也。六家
者，即見其時。使豫。先蚤聞之日受之。故君無失時，無失
策，萬物興豐無失利。遠占得失，以為未教。《詩》記人無失
辭，行殫道無失義，《易》守禍福凶吉不相亂，此謂君棟」。
上云五官，下云六家，蓋卜易同官也。此與《詩》、《書》、
《禮》、《樂》、《易》、《春秋》大同小異。蓋東周以後，官
失其守，民間顧有能通其技者，管子欲利田宅美衣食以蓄之
也。此亦王官之學，散在民間之一證。

　　《新學偽經考》曰：「史遷述六藝之《序》曰：《詩》、
《書》、《禮》、《樂》、《易》、《春秋》，西漢以前之說皆然。
蓋孔子手定之序。劉歆以《易》為首，《書》次之，《詩》又
次之。後人無識，咸以為法。此其顛倒《六經》之序也。」
以此為劉歆大罪之一。[140] 案《漢志》之次，蓋以經之先後。
《易》本伏羲，故居首。《書》始唐堯，故次之。以為顛倒六
經之序，殊近深文。謂《詩》、《書》、《禮》、《樂》、《易》、
《春秋》之序，為孔子手定，亦無明據。予謂《詩》、《書》、
《禮》、《樂》，乃大學設教之舊科，人人當學，故居前。
《易》、《春秋》義較深，聞之者罕，故居後。次序雖無甚關
係，然推原其朔，自以從西漢前舊次為得也。

---

[140]　《史記經說足證偽經考》。《漢志藝文志辨偽下》。

附錄二　經傳說記

　　《六經》皆古籍，而孔子取以立教，則又自有其義。孔子之義，不必盡與古義合，而不能謂其物不本之於古。其物雖本之於古，而孔子自別有其義。儒家所重者，孔子之義，非自古相傳之典籍也。此兩義各不相妨。故儒家之尊孔子，曰：「賢於堯舜遠矣。」曰：「自生民以來，未有孔子。」[141] 而孔子則謙言「述而不作，信而好古。」[142] 即推尊孔子者，亦未嘗不以「祖述堯、舜，憲章文、武」為言也。[143] 若如今崇信今文者之說，謂六經皆孔子所作，前無所承，則孔子何不作一條理明備之書，而必為此散無可紀之物？又何解於六經文字，古近不同，顯然不出一手，並顯然非出一時乎？若如崇信古學者之言，謂六經皆自古相傳之物；孔子之功，止於抱遺訂墜；而其所闡明，亦不過古先聖王相傳之道，初未嘗別有所得，則馬、鄭之精密，豈不真勝於孔子之粗疏乎？其說必不可通矣。

　　唯《六經》僅相傳古籍，而孔門所重，在於孔子之義，故《經》之本文，並不較與《經》相輔而行之物為重。不徒不較重，抑且無相輔而行之物，而《經》竟為無謂之書矣。

[141]　《孟子．公孫丑上》。
[142]　《論語．述而》。
[143]　《禮記．中庸》。

　　與《經》相輔而行者，大略有三：傳、說、記是也。《漢
書・河間獻王傳》曰：「獻王所得，皆經傳、說、記，七十子
之徒所論。」蓋傳、說、記三者，皆與經相輔而行；孔門所
傳之書，大略可分此四類也。

　　傳、說二者，實即一物。不過其出較先，久著竹帛者，則
謂之傳；其出較後，猶存口耳者，則謂之說耳。陳氏澧曰：「荀
子曰：《國風》之好色也，其《傳》曰：盈其欲而不愆其止。
其誠可比於金石，其聲可內於宗廟。」[144] 據此，則周時《國
風》已有傳矣。《韓詩外傳》亦屢稱《傳》曰，《史記・三代世
表》褚先生曰：「《詩傳》曰，湯之先為契，無父而生。此皆不
知何時之傳也。」[145] 陳氏所引，實皆孔門《詩傳》，謂不知何
時之傳者，誤也。然孔子以前，《詩》確已自有傳，《史記・伯
夷列傳》引軼詩《傳》是也。以此推之，《孔子世家》稱孔子
「序《書傳》。」《書傳》二字，蓋平舉之辭。孔子序《書》，
蓋或取其本文，或取傳者之辭，故二十八篇，文義顯分古近
也。[146] 古代文字用少，書策流傳，義率存於口說。其說即謂
之傳。凡古書，莫不有傳與之相輔而行。其物既由來甚舊；而
與其所傳之書，又如輔車相依，不可闕一。故古人引用，二者

---

[144]　《大略》篇。

[145]　《東塾讀書記・六》。

[146]　如《金縢》亦記周公之辭，其文義遠較《大誥》等篇為平近。

多不甚立別；而傳遂或與其所傳之書，併合為一焉。[147]

《公羊》曰：「定哀多微辭，主人習其讀而問其傳，則未知己之有罪焉爾。」[148] 古代文字用少，雖著之傳，其辭

---

[147] 漢人引據，經傳不別者甚多。崔氏適《春秋復始》，論之甚詳。今更略舉數證。《孟子·萬章》一篇，論舜事最多。後人多欲以補舜典。然《尚書》二十八篇為備，實不應有舜典，而完廩、浚井等事，亦見《史記·五帝本紀》。《五帝本紀》多同伏生書傳。蓋孟子、史公，同用孔門書說也。以此推之，《滕文公》篇引《書》曰「若藥不瞑眩，厥疾不瘳」；《論語·為政》孔子引《書》曰：「孝乎唯孝」，亦皆《書》傳文矣。《說文》殳部夏下引《商書》曰：「高宗夢得說，使百工復求，得之傅巖。」語見《書·序》。蓋《書》傳文，而作序者竊取之。差以毫釐，謬以千里。見《易·繫辭》。《繫辭》釋文云：王肅本有傳字。案《太史公自序》，述其父談論六家要旨，引《繫辭》「一致而百慮，同歸而殊途」，謂之《易大傳》，則王肅本是也。然《自序》又引毫釐千里二語稱《易》曰，《大戴·保傅》、《小戴·經解》亦然。此漢人引用，經傳不別之證，故諸家之《易》，《繫辭》下或無傳字也。《孟子·梁惠王下》：「《詩》曰：王赫斯怒，爰整其旅，以遏徂莒，以篤周祜，以對於天下。此文王之勇也。文王一怒而安天下之民。《書》曰：天降下民，作之君，作之師。唯曰其助上帝，寵之四方。有罪無罪，唯我在，天下曷敢有越厥志？一人衡行於天下，武王恥之。此武王之勇也。而武王亦一怒而安天下之民。」「此文王之勇也」，「此武王之勇也」，句法相同，自此以上，皆當為《詩》、《書》之辭。然「一人衡行於天下，武王恥之」，實為後人稱述武王之語。孟子所引，蓋亦《書》傳文也。傳之為物甚古，故又可以有傳。《論語》邢疏：漢武帝謂東方朔云，傳曰：時然後言，人不厭其言。又成帝賜翟方進策書云，傳曰：高而不危，所以長守貴也。是漢世通謂《論語》、《孝經》為傳。然《漢志》、《魯論》有傳十九篇，《孝經》亦有雜傳四篇。蓋對孔子手定之書言，《論語》、《孝經》皆為傳；對傳《論語》、《孝經》者而言，則《論語》、《孝經》，亦經比也。傳之名不一。或謂之義，如《禮記·冠義》以下六篇是也。或謂之解，如《管子》之《明法解》，《韓非子》之《解老》是也。《禮記》之《經解》，蓋通解諸經之旨，與《明法解》、《解老》等專解一篇者，體例異而旨趣同，故亦謂之解也。《墨子·經說》，體制亦與傳同，而謂之說，尤傳與說本為一物之證。《孟子·梁惠王上》對齊宣王之問曰：「仲尼之徒無道桓、文之事者，是以後世無傳焉。」下篇「齊宣王問曰：文王之囿，方七十里，有諸？孟子對曰：於傳有之。」《管子·宙合》曰：「宙合有橐天地，其義不傳。」此所謂傳。並即經傳之傳也。《明法解》與所解者析為兩篇。《宙合》篇前列大綱，後乃申釋其義，則經傳合居一篇。古書如此者甚多。今所傳《易》，《繫辭》下無傳字，亦不能議其脫也。

[148] 定西元年。

仍甚簡略，而又不能無所隱諱若此，則不得不有藉於說明矣。《漢書·蔡義傳》：「詔求能為《韓詩》者。徵義待詔。久不進見。義上疏曰：臣山東草萊之人，行能亡所比。容貌不及眾，然而不棄人倫者，竊以聞道於先師，自託於經術也。願賜清閒之燕，得盡精思於前。上召見義，說詩。甚說之。」又《儒林傳》：「兒寬初見武帝。語經學。上曰：吾始以《尚書》為樸學，弗好。[149]及聞寬說，可觀。乃從寬問一篇。」並可見漢世傳經，精義皆存於說。漢儒所由以背師說為大戒也。凡說，率多至漢師始著竹帛。[150]夏侯勝受詔撰《尚書》、《論語說》。[151]「劉向校書，考《易》說，以為諸家《易》說，皆祖田何、楊叔元、丁將軍，大義略同，唯京氏為異，倘焦延壽獨得隱士之說，託之孟氏，不相與同」[152]是也。《漢書·王莽傳》：莽上奏曰：「殷爵三等，有其說，無其文。」又群臣請安漢公居攝如天子之奏曰：「《書》曰：我嗣事子孫，大不克共上下，遏失前人光，在家不知命不易，天應棐諶，乃亡隊命。《說》曰：周公服天子之冕，南面而朝群臣，發號施令，常稱王命。召公賢人，不知聖人之意，故不說也。」然則說可引據，亦

---

[149]　樸，即老子「樸散而為器」之樸。《淮南·精神》注：「樸，猶質也。」所謂木不斷不成器也。此可見經而無傳，傳而無說，即成為無謂之物。
[150]　以前此未著竹帛，故至漢世仍謂之說也。
[151]　《漢書》本傳。
[152]　《漢書·儒林傳》。

同於傳。蓋傳即先師之說;說而著之竹帛,亦即與傳無異耳。漢人為學,必貴師傳,正以此故,劉歆等首唱異說,其所以攻擊今文師者,實在「信口說而背傳記,是末師而非往古」兩語。而古文學家之學,遠不逮今文師者,亦實以此。以其奮數人之私智,以求之傳記,斷不能如歷世相傳之說之精也。公孫祿劾歆:「顛倒《五經》,毀師法。」[153] 毀師法,即背師說也。

傳附庸於經,記與經則為同類之物,二者皆古書也。記之本義,蓋謂史籍。《公羊》僖公二年:「宮之奇諫曰:《記》曰:唇亡而齒寒。」《解詁》:「記,史記也。史記二字,為漢時史籍之通稱,猶今言歷史也。」《韓非子·忠孝》:「記曰:舜見瞽瞍,其容造焉。孔子曰:當是時也,危哉,天下岌岌。」此語亦見《孟子·萬章上》篇。咸丘蒙以問孟子,孟子斥為齊東野人之語。古亦稱《史記》為語,可為解詁之證。記字所苞甚廣。宮之奇、咸丘蒙所引,蓋記言之史,小說家之流,其記典禮者,則今所謂《禮記》是也。記與禮實非異物,故古人引禮者或稱記,引記者亦或稱禮。[154] 今《儀禮》十七篇。唯《士相見》、《大

---

[153] 《王莽傳》。
[154] 《詩采蘩》箋引《少牢饋食禮》稱《禮記》。《聘禮》注引《聘義》作《聘禮》。又《論衡·祭意》引《禮記·祭法》,皆稱禮。《禮記》中投壺奔喪,鄭謂皆同逸禮;而《曲禮》首句,即曰「《曲禮》曰」,可見禮與記之無別也。

射》、《少牢饋食》、《有司徹》四篇無記。[155] 凡記皆記《經》所不備。兼記《經》外遠古之言。鄭注《燕禮》云：「後世衰微，幽、厲尤甚。禮樂之書，稍稍廢棄。蓋自爾之後有記乎？」[156]《文王世子》引《世子之記》，鄭注曰：「世子之禮亡，此存其記。」蓋著之竹帛之時，有司猶能陳其數；或雖宮失其守，而私家猶能舉其本末，[157] 則謂之禮；而不然者，則謂之記耳。記之為物甚古。故亦自有傳。[158] 而《禮記》又多引舊記也。[159]

傳說同類，「記」以補「經」不備，「傳」則附麗於「經」，故與「經」相輔而行之書，亦總稱為「傳記」。如劉歆《移太常博士》所言是也，《河間獻王傳》並稱經傳說記，傳蓋指古書固有之傳而言，如前所引軼詩《傳》及孔子所序之《書傳》是。其孔門所為之傳，蓋苞括於說中。

大義存於「傳」，不存於「經」，試舉一事為證。《堯典》究有何義？非所謂《尚書》樸學者邪？試讀《孟子·萬章上》篇，則禪讓之大義存焉。夷考伏生「書傳」、《史記·

---

[155]　宋儒熊氏朋來之說。

[156]　《士冠禮》疏。

[157]　如孺悲學士喪禮於孔子。

[158]　《士冠禮》疏：「《喪服記》子夏為之作傳，不應自造還自解之。『記』當在子夏之前，孔子之時，未知定誰所錄。」案古書多有傳說，已見前。記之傳，或孔門錄是記者為之，或本有而錄是記者並錄之，俱未可定也。

[159]　如《文王世子》引世子之記，又引記曰：「虞夏商周，有師保，有疑丞」云云。《祭統》引記曰：「齊者不樂」；又引記曰：「嘗之日，發公室」云云皆是。

五帝本紀》，說皆與孟子同，蓋同用孔門「書說」也。[160]
「傳」不足以盡義，而必有待於說，試亦引一事為證。王
魯，新周，故宋，非《春秋》之大義乎？然《公羊》無其文
也，非《繁露》其孰能明之。[161]古人為學，所以貴師承也。
後人率重經而輕傳說，其實二者皆漢初先師所傳。若信今
文，則先師既不偽經，豈肯偽傳？若信古文，則今古文經，
所異唯在文字，今文經正以得古文經而彌見其可信；經可
信，傳說之可信，亦因可見矣。或又謂經為古籍，據以考
證古事，必較傳為足據。殊不知孔門之經，雖系古籍，其
文字，未必一仍其舊。試觀《堯典》、《禹貢》，文字反較殷
盤、周誥為平易可知。而古籍之口耳相傳，歷久而不失其辭
者，亦未必不存於傳、說、記之中也。然則欲考古事者，偏

---

[160]　此等處，今人必謂伏生襲孟子，史公又襲伏生。殊不知古代簡策，流傳甚
　　　難；古人又守其師說甚固。異家之說，多不肯妄用，安得互相勦襲，如此之
　　　易。史公說堯舜禪讓，固同孟子矣。而其說伊尹，即以割烹要湯為正說，與
　　　孟子正相反，何又忽焉立異乎？可見其說禪讓事，乃與孟子所本者同，而非
　　　即用孟子矣。經義並有儒家失傳，存於他家書中者。《呂覽》多儒家言，予
　　　別有考。今《尚書·甘誓》，徒讀其本文，亦絕無意義。苟與《呂覽》先已
　　　參看，則知孔子之序是篇，蓋取退而修德之意矣。
[161]　《三代改制質文篇》。案亦見《史記·孔子世家》。又《樂緯·動聲儀》，有先
　　　魯後殷，新周、故宋之文，見《文選》潘安仁《笙賦》注。

重經文，亦未必遂得矣。[162]

翼經之作，見於《漢志》者曰外傳，曰雜傳，蓋摭拾前世之傳為之。[163] 曰傳記，曰傳說，則合傳與記說為一書者也。曰說義，蓋說之二名。曰雜記，則記之雜者也。曰故，曰解故，以去古遠，故古言有待訓釋，此蓋漢世始有。曰訓詁，則兼訓釋古言及傳二者也。[164]

《漢志》：《春秋》有《左氏微》二篇，又有《鐸氏微》三篇，《張氏微》十篇，《虞氏微傳》二篇。微，蓋即定、哀多微辭之微，亦即劉歆移太常博士，所謂仲尼沒而微言絕者也。定、哀之間，辭雖微，而其義則具存於先師之口說，何絕之有？易世之後，忌諱不存，舉而筆之於書，則即所謂傳也。安用別立微之名乎？今《左氏》具存，解經處極少，且

---

[162] 《史記·孔子世家》：「孔子在位聽訟，文辭有可與人共者，不獨有也。至於為《春秋》，筆則筆，削則削，子夏之徒，不能贊一辭。」公羊昭十二年疏，引《春秋》說云：孔子作《春秋》，一萬八千字，九月而書成。以授遊夏之徒。遊夏之徒，不能改一字。然則相傳以為筆削皆出孔子者，唯《春秋》一經。餘則刪定之旨，或出孔子，其文辭，必非孔子所手定也，即遊夏不能改一字。亦以有關大義者為限。若於義無關，則文字之出入，古人初不深計。不獨文字，即事物亦有不甚計較者。呂不韋聚賓客著書，既成，布咸陽市門，縣千金其上，延諸侯遊士賓客，有能增損一字者予千金。高誘注多摘其誤，謂揚子雲恨不及其時，車載其金。殊不知不韋所求，亦在能糾正其義；若事物之誤，無緣舉當時遊士賓客，不及一揚子雲也。子雲既沾沾自喜，高誘又津津樂道，此其所以適成為子雲及高氏之見也。

[163] 《漢書·儒林傳》：「韓嬰推詩人之意而作內外傳數萬言。」又曰：「韓生亦以《易》授人，推《易》意而為之傳。」一似其傳皆自為之者。然《韓詩外傳》見存，大抵證引成文，蓋必出自前人，乃可謂之傳也。

[164] 《毛傳》釋字義處為詁訓。間有引成文者，如小弁縣之引《孟子》，行葦之引《射義》，瞻卬之引《祭義》，閟宮之引《孟仲子》，則所謂傳也。

無大義，安有微言？張氏不知何人。鐸氏，《注》曰：「楚太傅鐸椒。」虞氏，《注》曰：「趙相虞卿。」《史記·十二諸侯年表》曰鐸椒為楚威王傅，為王不能盡觀《春秋》，採取成敗，卒四十章，為《鐸氏微》。趙孝成王時，其相虞卿，上採《春秋》，下觀近勢，亦著八篇，為《虞氏春秋》。二書與孔子之《春秋》何涉？鐸氏之書自名微，非其書之外，別有所謂微者在也。今乃舉左氏、張氏、虞氏之書，而皆為之微；虞氏且兼為之傳，其為妄人所託，不問可知。猶之附麗於經者為傳說，補經之不備者為記，本無所謂緯，而漢末妄人，乃集合傳說記之屬，而別立一緯之名也。要之多立名目以自張，而排斥異己而已。故與經相輔而行之書，實盡於傳、說、記三者也。

傳、說、記三者，自以說為最可貴。讀前文自見。漢世所謂說者，蓋皆存於章句之中。章句之多者，輒數十百萬言；而《漢書》述當時儒學之盛，謂「一經說至百萬餘言」，[165]可知章句之即說。枝葉繁滋，誠不免碎義逃難，博而寡要之失。然積古相傳之精義，則於此存焉。鄭玄釋《春秋運斗樞》云：「孔子雖有盛德，不敢顯然改先王之法，以教授於世，陰書於緯，以傳後王。」[166] 古代簡策繁重，既已筆之

[165] 《儒林傳》。
[166] 《王制正義》。

於書，夫復安能自祕？其為竊今文家口授傳指之語，而失其實，不問可知。[167] 然緯之名目雖妄，而其為物，則固為今文經說之薈萃。使其具存，其可寶，當尚在《白虎通義》之上也。乃以與讖相雜，盡付一炬，亦可哀矣。

■ 第三節　曾子

孔門諸子，達者甚多。然其書多不傳於後。其有傳而又最見儒家之精神者，曾子也。今先引其行事三則，以見其為人。

《論語‧泰伯》：「曾子有疾，召門弟子曰：啟予足！啟予手！《詩》曰：戰戰兢兢，如臨深淵，如履薄冰。而今而後，吾知免夫！小子！」

《禮記‧檀弓》：「曾子寢疾，病。樂正子春坐於床下，曾元、曾申坐於足，童子隅坐而執燭。童子曰：華而睆，大夫之簀與？子春曰：止。曾子聞之，瞿然曰：呼。曰，華而睆，大夫之簀與？曾子曰：然，斯季孫之賜也，我未之能易也。元起易簀。曾元曰：夫子之病亟矣，不可以變。幸而至於旦，請敬易之。曾子曰：爾之愛我也不如彼。君子之愛人也以德，細人之愛人也以姑息。吾何求哉？吾得正而斃焉，斯已矣。舉扶而易之，反席未安而沒。」

---

[167]　《文選‧劉歆移太常博士》注：「《論語讖》曰：子夏六十四人，共撰仲尼微言。」此造緯者之自道也。

又:「子夏喪其子而喪其明。曾子弔之。曰:吾聞之也,朋友喪明則哭之。曾子哭,子夏亦哭,曰:天乎!予之無罪也。曾子怒曰:商,女何無罪也?吾與女事夫子於洙泗之間,退而老於西河之上,使西河之民,疑女於夫子,爾罪一也。喪爾親,使民未有聞焉,爾罪二也。喪爾子,喪爾明,爾罪三也。而曰:女何無罪與?子夏投其杖而拜,曰:吾過矣!吾過矣!吾離群而索居,亦已久矣夫!」[168]

前兩事見其律己之精嚴,後一事見其待人之剛毅。此等蓋皆儒家固有之風概,非必孔子所教也。大凡封建及宗法社會中人,嚴上之精神,最為誠摯;而其自視之矜重,亦異尋常。此皆社會等級之制,有以養成之也。人之知識不高,而性情篤厚者,於社會公認之風俗,守之必極嚴。至於曠代之哲人,則必能窺見風俗之原,斷不視已成之俗為天經地義。故言必信,行必果,孔子稱為硜硜然小人。[169] 以其為一節之士也。曾子蓋知識不高,性情篤厚者,故竊疑其所操持踐履,得諸儒家之舊風習為多,得諸孔子之新教義者為少也。

儒家所傳《孝經》,託為孔子啟示曾子之辭,未知信否。[170] 然曾子本以孝行見稱,其遺書中論孝之語亦極多,即

---

[168]　夫字當屬此句。今人屬下「畫居於內」讀,非也。
[169]　《論語·子路》。
[170]　古人文字,往往設為主客之辭;而其所設主客,又往往取實有之人,不必如西漢人造作西都賓、東都主人、烏有先生等稱謂也。此蓋班志所謂依託。後人概誣為偽造,其實亦與偽造有別也。

出依託，亦非無因，此亦可見其受宗法社會陶冶之深也。《曾子書》凡十篇，皆在《大戴記》中。《立事》，《制言》上、中、下，《疾病》，皆恐懼修省之意，與前所引之事，可以參看。《大孝》篇同《小戴》中《祭義》、《本孝》、《立孝》、《事父母》，意亦相同，《天圜》篇：單居離問於曾子曰：「天圜而地方者，誠有之乎？」曾子曰：「如誠天圜而地方，則是四角之不揜也。」今之談科學者，頗樂道之。然天圜地方，本哲學家語，猶言天動地靜，指其道非指其形。若論天地之形，則蓋天渾天之說，本不謂天圜而地方，初不待此篇為之證明也。

　　曾子為深入宗法社會之人，故於儒家所謂孝道者，最能身體力行，又能發揮盡致，此是事實。然如胡適之《中國哲學史大綱》謂孔門之言孝，實至曾子而後圓滿，則又非是。學問亦如事功，有其創業及守成之時代。創業之世，往往異說爭鳴，多闢新見。守成之世，則謹守前人成說而已。人之性質，亦有有所創闢者，有僅能謹守前人之說者，昔人所謂作者述者是也。學問隨時代而變化，立說恆後密於前，通長期而觀之，誠系如此。若在短時期之中，則有不盡然者。豈唯不能皆度越前人，蓋有並前人之成說而不能保守者矣。自孔子以後，直至兩漢時之儒學，即系如此。試博考儒家之書可知。近人多泥進化之說，謂各種學說，皆系逐漸補苴添造

而成。殊不知論事當合各方面觀之，不容泥其一端也。夫但
就現存之書觀之，誠若孔門之言孝，至曾子而益圓滿者，然
亦思儒家之書，存者不及什一。豈可偏據現存之書，即謂此
外更無此說乎？兩漢人說，大抵陳陳相因。其藍本不存者，
後世即皆謂其所自為。偶或偏存，即可知其皆出蹈襲。如
賈、晁奏議，或同《大戴》，或同《管子》是也。兩漢如此，
而況先秦？豈得斷曾子之說，為非孔子之言邪？[171]

　　儒家論孝之說，胡適之頗訾之，謂其能消磨勇往直前之
氣。引「王陽為益州刺史，行至邛郲九折阪，嘆曰：奉先人遺
體，奈何數乘此險？後以病去」為證。然曾子曰：戰陳無勇非
孝也，[172] 乃正教人以勇往冒險，何邪？蓋封建時代之士夫，
率重名而尚氣。即日詔以父母之當奉養，臨難仍以奮不顧身
者為多。《曾子》曰：「孝有三：大孝尊親，其次不辱，其下
能養」[173] 是也。封建時代漸遠，商業資本大興，慷慨矜慎之
氣，漸即消亡，人皆輕虛名而重實利，即日日提倡非孝，亦斷
無勇往冒險者。此自關社會組織之變遷，不能歸咎於儒家之學
說也。胡君又謂曾子之言，皆舉孝字以攝諸德，一若人之為
善，非以其為人故，乃以其為父母之子故。此自今日觀之，誠

---

[171]　不徒不能斷為非孔子之言，或其言並不出於孔子，乃宗法社會舊有之說，當
　　　時之儒者傳之，孔子亦從而稱頌之，未可知也。
[172]　《祭義》。
[173]　同上。

若可怪，然又須知古代社會，通功易事，不如後世之繁；而惇宗收族，則較後世為切。故並世之人，關係之密難見；而過去之世，佑啟之跡轉深。又愛其家之念切，則各欲保持其家聲，追懷先世之情，自油然不能自已。此亦其社會之組織為之，非儒家能造此說。予故疑曾子之說，不徒不出自曾子，並不必出於孔子，而為其時儒者固有之說也。

■ 第四節　孟子

孔子弟子著名者，略見《史記·仲尼弟子列傳》。自孔子沒後至漢初，儒學之盛衰傳授，略見《史記·儒林列傳》。然皆但記其事蹟，不及其學說。儒家諸子，除《二戴記》中收容若干篇外，存者亦不多。其最有關係者，則孟、荀二子也。而孟子之關係尤大。

孟子，《史記》云：「受業子思之門人。」子思，《孔子世家》言其作《中庸》，《隋書·經籍志》言《表記》、《坊記》、《緇衣》皆子思作。《釋文》引劉瓛則謂《緇衣》為公孫尼子作。未知孰是。要之《中庸》為子思作，則無疑矣。《中庸》為孔門最高之道，第二節已論之。今故但論孟子。

孟子之功，在發明民貴君輕之義。此實孔門《書》說，已見第二節。然《書》說今多闕佚，此說之能大昌於世，實孟子之力也。次則道性善。

　　先秦論性，派別頗繁。見於《孟子》書者，凡得三派：一為告子，謂性無善無不善。二三皆但稱或人，一謂性可以為善，可以為不善；一謂有性善，有性不善。皆因公都子之問而見，見《告子上》篇。

　　如實言之，則告子之說，最為合理。凡物皆因緣際會而成，人性亦猶是也。人性因行為而見，行為必有外緣，除卻外緣，行為並毀，性又何從而見？告子曰：「性，猶湍水也，決諸東方則東流，決諸西方則西流。人性之無分於善不善也，猶水之無分於東西也。」此說最是。性猶水也；行為猶流也；決者，行為之外緣，東西其善惡也。水之流，不能無向方。人之行為，不能無善惡。既有向方，則必或決之。既有善惡，則必有為之外緣者。問無決之者，水之流，向方若何？無外緣，人之行為，善惡如何？不能答也。必欲問之，只可云：是時之水，有流性而無向方；是時之性，能行而未有善惡之可言而已。佛家所謂「無明生行」也。更益一辭，即成贅語。孟子駁之曰：「水，信無分於東西，無分於上下乎？人性之善也，猶水之就下也。人無有不善，水無有不下。今夫水，搏而躍之，可使過顙；激而行之，可使在山；是豈水之性哉？其勢則然也。人之可使為不善，其性亦猶是也。」誤矣。水之過顙在山，固由搏激使然，然不搏不激之時，水亦自有其所處之地，此亦告子之所謂決也。禹疏九河

瀹濟漯而注之海，決汝漢排淮泗而注之江，固決也；亞洲中央之帕米爾，地勢獨高於四方，於其四面之水，亦決也。月球吸引，能使水上升；地球吸引，能使水下降；皆告子所謂決也。設想既無地球，亦無月球，又無凡諸吸引之一切力，而獨有所謂水者，試問此水，將向何方？孟子能言之乎？故孟子之難，不中理也。

　　「可以為善，可以為不善」，蓋世碩等之說。《論衡‧本性》云：「周人世碩以為人性有善有惡。舉人之善性，養而致之，則善長；惡性，養而致之，則惡長。……故世子作《養性書》一篇。宓子賤、漆雕開、公孫尼子之徒，亦論情性，與世子相出入。」董仲舒之論性也，謂天兩有陰陽之施，人亦兩有貪仁之性，亦是說也。[174] 此說與告子之說，其實是一。董子論性，本諸陰陽。其論陰陽，則以為一物而兩面，譬諸上下、左右、前後、表裡。[175] 然則舉此不能無彼，相消而適等於無，仍是無善無惡耳。故告子謂「生之謂性」，董子亦謂「如其生之自然之資謂之性」，如出一口也。然其意同而其言之有異者，何也？蓋此派之說，非徒欲以明性，並欲勉人為善也。夫就性之體言之，則無所謂善惡；就人之行為言，則有善亦有惡；此皆彰明較著無可辯論之事實。而人

---

[174]　董子論性，見《春秋繁露》之《深察名號》、《實性》兩篇。
[175]　《繁露》基義。

皆求善去惡之心，亦莫知其所以然而然，而人莫不然。此皆無可再推，只能知其如是而已。董子就其可善可惡者而譬諸陰陽，就其思為善去惡者，而譬諸天道之禁陰，此即佛家以一心開真如生滅兩門，謂無明燻真如而成迷，真如亦可還燻無明而成智也。告子曰：「性猶杞柳也，義猶杯棬也，以人性為仁義，猶以杞柳為杯棬。」此即董子禾米、卵雛、繭絲之喻。特米成而禾不毀，杯棬則非杞柳所自為，其喻不如董子之善，故招孟子「戕賊人以為仁義」之難耳。

「有性善有性不善」，其說最低。蓋善惡不過程度之差，初非性質之異，固不能有一界線焉，以別其孰為善，孰為惡也。故此說不足論。

據理論之，告子之說，固為如實；然孟子之說，亦不背理。何者？孟子據人之善端而謂性為善，夫善端固亦出於自然，非由外鑠也。孟子謂惻隱，羞惡，辭讓，是非之心，為人所同具，而又為良知良能，不待學，不待慮。夫此四端，固聖人之所以為聖人者。然則我之未能為聖人，特於此四端，尚未能擴而充之耳；謂聖人之所以為聖人之具，而我有所欠闕焉，夫固不可。故曰：「聖人與我同類者。」又曰：「富歲子弟多賴，凶歲子弟多暴，非天之降材爾殊也，其所以陷溺其心者然也。」[176] 後來王陽明創致良知之說，示人以簡

---

[176] 《告子上》。

易直捷，超凡入聖之途，實孟子有以啟之。其有功於世道人心，固不少也。

　　孟子之大功，又在嚴義利之辨。首篇載孟子見梁惠王。王曰：「叟，不遠千里而來，亦將有以利吾國乎？」孟子即對曰：「王，何必曰利，亦有仁義而已矣。」《告子》篇載秦楚構兵，宋牼將說而罷之，曰：「我將言其不利也。」孟子又曰：「先生之志則大矣，先生之號則不可。」以下皆極言仁義之利，言利之反足以招不利。然非謂為仁義者，乃以其終可得利而為之；戒言利者，乃以其終將失利而戒之也。苟如是，則仍是言利矣。故又曰：「雞鳴而起，孳孳為利者，蹠之徒也。雞鳴而起，孳孳為義者，舜之徒也。欲知舜與蹠之分，無他，利與善之間也。」又曰「生亦我所欲也，義亦我所欲也，二者不可得兼，捨生而取義者也。」其持之之嚴如此。為義雖可得利，為義者則不當計利，此即董子「正其誼不謀其利」之說也。此亦孔門成說，《論語》「君子喻於義，小人喻於利」十字，已足苞之，特至孟子，乃更發揮透澈耳。義利之辨，正誼不謀利之說，最為今之恃功利論者所詆訾。然挾一求利之心以為義，終必至於敗壞決裂而後已。此今之所謂商業道德，而昔之所謂市道交者也，幾見有能善其後者乎？孟子之說，能使人心由此而純，其有功於社會，亦不少也。

　　孟子論政治，首重製民之產。必先有恆產，而後能有恆心，此即孔門先富後教之義。其行之之法，則欲恢復井田。凡先秦諸子，無不以均平貧富，使民豐衣足食為首務者。其方法則互異。主張恢復井田者，孟子也；開阡陌以盡地利者，商鞅也。主去關市之徵，弛山澤之禁者，孟子也；主管鹽鐵，官山海，制輕重斂散之權者，管子也。[177] 蓋一主修舊法，一主立新法耳。此為儒法二家之異。直至漢世，賢良與桑弘羊之辯，猶是此二派之爭也。[178]

　　孟子修養功夫，盡於其告公孫丑二語，曰：「我知言，我善養吾浩然之氣。」知言者，知識問題；養氣者，道德問題也。「何謂知言？曰：詖辭，知其所蔽；淫辭，知其所陷；邪辭，知其所離；遁辭，知其所窮。」於事之非者，不徒知其非，且必明燭其非之所以然，此由其用心推考者深，故能如是也。孟子曰：「君子深造之以道，欲其自得之也。自得之，則居之安；居之安，則資之深；資之深，則取之左右逢其原。」可見孟子之於知識，皆再三體驗而得，迥異口耳之傳，浮光掠影者矣。其論浩然之氣曰：「其為氣也，至大至剛，以直養而無害，則塞於天地之間。」其論養之之術，則曰：「是集義所生者，非義襲而取之也。行有不慊於心，則

---

[177]　見第十三章。
[178]　見《鹽鐵論》。

餒矣。」其功夫尤為堅實。孟子所以能「居天下之廣居，立天下之正位，行天下之達道」，「富貴不能淫，貧賤不能移，威武不能屈」，皆此集義之功夫為之也。

「窮則獨善其身，達則兼善天下。」「禹稷顏子，易地則皆然。」出處進退之間，一一衷之於義，無絲毫急功近名之心，亦無絲毫苟安逃責之念，此即所謂「居易以俟命」者，故孟子確為子思之嫡傳也。孟子曰：「廣土眾民，君子欲之，所樂不存焉。中天下而立，定四海之民，君子樂之，所性不存焉。君子所性，雖大行不加焉，雖窮居不損焉，分定故也。」[179] 分者，我在宇宙間所處之地位。處乎何等地位，即作何等事業。行雲流水，一任自然，而我初無容心於其間。則所處之境，盡是坦途。人人如此，則天下無一勉強之事，而決無後禍矣。此實與道家養生之論相通。可參看第六章第四節。

■ 第五節　荀子

荀子之書，其出較晚，而多雜諸子傳記之辭。其書專明禮，而精神頗近法家。案古無所謂法，率由之軌範曰禮，出乎禮則入乎刑，禮家言之與法家相類，亦固其所。顧孔子言：「道之以政，齊之以刑，民免而無恥。道之以德，齊之

---

[179] 《盡心上》。

以禮，有恥且格。」[180] 則禮與刑之間，亦不能無出入。蓋一則導之向上，一則專恃威力以懾服之耳。荀子之書，狹隘酷烈之處頗多。孔門之嫡傳，似不如是。故予昔嘗疑為較早出之《孔子家語》也。[181]

荀子最為後人所詆訾者，為其言性惡。其實荀子之言性惡，與孟子之言性善，初不相背也。偽非偽飾之謂，即今之為字。[182] 荀子謂「人性惡，其善者偽」，乃謂人之性，不能生而自善，而必有待於修為耳。故其言曰：「塗之人可以為禹則然，塗之人之能為禹，則未必然也。」譬之足，可以遍行天下，然而未有能遍行天下者。夫孟子謂性善，亦不過謂塗之人可以為禹耳。其謂「生於人之情性者，感而自然，不待事而後生；感而不能然，必待事而後然者謂之偽」，則孟子亦未嘗謂此等修為之功，可以不事也。後人誤解偽字，因以詆諆荀子，誤矣。

---

[180] 《論語‧為政》。
[181] 見拙撰《經子解題》。
[182] 「為」之本義為母猴。蓋動物之舉動，有出於有意者，有不待加意者。其不待加意者，則今心理學家所謂本能也。其必待加意者，則《荀子》書所謂「心慮而能為之動謂之偽，慮積焉、能習焉而後成謂之偽」；楊注所謂「非天性而人作為之」者也。動物舉動，多出本能。唯猿猴知識最高，出乎本能以外之行動最多，故名母猴曰「為」。其後遂以為人之非本能之動作之稱。故「為」字之本義，實指有意之行動言；既不該本能之動作，亦不涵偽飾之意也。古用字但主聲，「為」「偽」初無區別。其後名母猴曰「為」之語亡，「為」為母猴之義亦隱，乃以「為」為「作為」之「為」，「偽」為「偽飾」之「偽」。此自用字後起之分別，及字義之遷變。若就六書之例言之，則既有「偽」字之後，「作為」之「為」，皆當作「偽」；其仍作「為」者，乃省形存聲之例耳。

　　荀子之言治，第一義在於明分。《王制》篇曰：「人力不若牛，走不若馬，而牛馬為用，何也？曰：人能群，彼不能群也。人何以能群？曰：分。分何以能行？曰：義。義以分則和，和則一，一則多力，多力則強，強則勝物。」[183]「群而無分則爭，爭則亂，亂則離，離則弱，弱則不能勝物」。「君者，善群也。群道當，則萬物皆得其宜，六畜皆得其長，群生皆得其命。」《富國》篇曰：「天下害生縱慾。欲惡同物，欲多而物寡，寡則必爭矣。故百技所成，所以養一人也。而能不能兼技，人不能兼官；離居不相待則窮，群而無分則爭。窮者患也，爭者禍也。救患除禍，則莫若明分使群矣。」又曰：「足國之道：節用裕民，而善臧其餘。」「上以法取焉，而下以禮節用之。」「量地而立國，計利而畜民，度人力而授事，使民必勝事，事必出利，利足以生民。皆使衣食百用，出入相揜，必時臧餘，謂之稱數。」夫總計一群之所需，而部分其人以從事焉，因以定人之分職，大同小康之世，皆不能不以此為務，然而有異焉者：大同之世，蕩蕩平平，絕無階級，人不見有侈於己者，則欲不萌，人非以威壓故而不敢逾分，則其所謂分者，不待有人焉以守之而自固。此大同之世，所以無待於有禮。至於小康之世，則階級既萌，勞逸侈儉，皆不平等。人孰不好逸而惡勞？孰不喜奢

---

[183]　勝平聲。物，事也。

而厭儉？則非制一禮焉，以為率由之軌範，而強人以守之不可。雖率循有禮，亦可以致小康，而已落第二義矣。此孔子所以亟稱六君子之謹於禮，而終以為不若大道之行也。荀子所明，似偏於小康一派，故視隆禮為極則，雖足矯亂世之弊，究有慚於大同之治矣。

大同之世，公利與私利同符，故其趨事赴功，無待於教督。至小康之世，則不能然，故荀子最重人治。《天論》篇曰：「天行有常，不為堯存，不為桀亡。應之以治則吉，應之以亂則凶。強本而節用，則天不能貧；養備而動時，則天不能病；循道而不貳，則天不能禍。故水旱不能使之飢，寒暑不能使之疾，妖怪不能使之凶。」「天有其時，地有其財，人有其治，夫是之謂能參。舍其所以參，而願其所參，則惑矣。」其言雖不免有矜瞿之氣，要足以愧末世之般樂怠敖者也。

荀子專隆禮，故主張等級之治。其言曰：「夫貴為天子，富有天下，是人情之所同欲也。然則從人之慾，則勢不能容，物不能贍也。故先王案為之制禮義以分之，使有貴賤之等，長幼之差，知愚能不能之分，皆使人載其事而各得其宜，是夫群居和一之道也。故仁人在上，則農以力盡田，賈以察盡財，百工以巧盡械器。士大夫以上至於公侯，莫不以仁厚知能盡官職，夫是之謂至平。故或祿以天下而不自以為

多，或監門御旅，抱關擊柝，而不自以為寡。故曰：斬而齊，枉而順，不同而一。夫是之謂人倫。」[184] 其言似善矣。然豈知大同之世，「人不獨親其親，不獨子其子」，「貨惡其棄於地也，不必藏於己；力惡其不出於身也，不必為己」，則雖出入執掌，而亦不自以為多；雖僂仰笑敖，而亦不自以為寡。既無人我之界，安有功罪可論？又安有計勞力之多寡，以論報酬之豐嗇者邪？

隆禮則治制必求明備，故主法後王。所謂後王，蓋指三代。書中亦屢言法先王，蓋對當時言之則稱先王，對五帝言之則稱後王也。《非相》篇曰：「欲觀聖王之跡，則於其粲然者矣，後王是也。」「五帝之外無傳人，非無賢人也，久故也。五帝之中無傳政，非無善政也，久故也。禹、湯有傳政，而不若周之察也，非無善政也，久故也。傳者久則論略，近則論詳。[185] 略則舉大，詳則舉小。」此其法後王之故也。有謂古今異情，治亂異道者，荀子斥為妄人。駁其說曰：「欲觀千歲，則數今日。欲知億萬，則審一二。欲知上世，則審周道。」此似於窮變通久之義，有所未備者。殊與《春秋》通三統之義不合。故知荀子之論，每失之狹隘也。

其狹隘酷烈最甚者，則為非像刑之論。其說見於《正

---

[184]　《榮辱》。
[185]　《韓詩外傳》「論」作「愈」。

論》篇。其言曰：「世俗之為說者曰：治古無肉刑而有像
刑。⋯⋯是不然。以為治邪？則人固莫敢觸罪，非獨不用肉
刑，亦不用象刑矣。以為輕刑邪？人或觸罪矣，而直輕其
刑，然則是殺人者不死，傷人者不刑也。罪至重而刑至輕，
庸人不知惡矣。亂莫大焉。凡刑人之本，禁暴惡惡，且徵其
未也。殺人者不死，而傷人者不刑，是謂惠暴而寬賊也，非
惡惡也。故象刑殆非生於治古，並起於亂今也。治古不然。
凡爵列官職，賞慶刑罰皆報也，以類相從者也。一物失稱，
亂之端也。」「殺人者死，傷人者刑，是百王之所同也，未
有知其所由來者也。刑稱罪則治，不稱罪則亂。故治則刑
重，亂則刑輕。犯治之罪固重，犯亂之罪固輕也。《書》曰：
刑罰世輕世重。此之謂也。」案《尚書大傳》言：「唐虞上刑
赭衣不純，中刑雜屨，下刑墨幪。」此即漢文帝十三年除肉
刑之詔，所謂「有虞氏之時，畫衣冠異章服以為戮，而民弗
犯」者，乃今文《書》說也。古代社會，組織安和，風氣誠
樸，人莫觸罪，自是事實。今之治社會學者，類能言之。赭
衣塞路，囹圄不能容，乃社會之病態。刑罰隨社會之病態而
起，而繁，乃顯然之事實，古人亦類能言之，何莫知其所由
來之有？荀子所說，全是末世之事，乃轉自託於《書》說，
以攻《書》說，謬矣。此節《漢書・刑法志》引之。漢世社
會，貧富不平，豪傑犯法，獄訟滋多。懲其弊者，乃欲以峻

法嚴刑，裁抑一切。此自救時之論，有激而云。若謂先秦儒家，有此等議論，則似遠於情實矣。予疑《荀子》書有漢人依託處，實由此悟入也。

　　《荀子》書中，論道及心法之語最精。此實亦法家通常之論。蓋法家無不與道通也，《管子》書中，正多足與《荀子》媲美者。特以《荀子》號稱儒書；而其所引《道經》，又適為作偽《古文尚書》者所取資，故遂為宋儒理學之原耳。然《荀子》此論，實亦精絕。今摘其要者如下：《天論》篇曰：「天職既立，天功既成，形具而神生。好惡喜怒哀樂臧焉，夫是之謂天情。耳目鼻口形能各有接而不相能也，夫是之謂天官。心居中虛，以治五官，夫是之謂天君。財非其類以養其類，夫是之謂天養。順其類者謂之福，逆其類者謂之禍，夫是之謂天政。」「聖人清其天君，正其天官，備其天養，順其天政，養其天情，以全其天功。如是，則知其所為，知其所不為矣，則天地官而萬物役矣。」此從一心推之至於至極之處，與《中庸》之「致中和，天地位焉，萬物育焉」同理。道家亦常有此論。此儒道二家相通處也。《解蔽》篇曰：「故治之要，在於知道。人何以知道？曰：心。心何以知？曰：虛一而靜。」「虛一而靜，謂之大清明。萬物莫形而不見，莫見而不倫，莫倫而失位。」「心者，形之君也而神明之主也，出令而無所受令。自禁也，自使也，自奪也，自取

也，自行也，自止也。故口可劫而使墨雲，形可劫而使詘
申，心不可劫而使易意，是之則受，非之則辭。故曰：心容，
其擇也無禁，必自見。其物也雜博，其情之至也不貳。類不
可兩也，故知者擇一而一焉。農夫精於田而不可以為田師。
賈精於市，而不可以為市師。工精於器而不可以為器師。有
人也，不能此三技而可使治三官，曰：精於道者也，……故
君子一於道而以贊稽物。」「故《道經》曰：人心之危，道心
之微。危微之幾，唯明君子而後能知之。故人心譬如槃水，
正錯而勿動，則湛濁在下，而清明在上，則足以見鬚眉而察
理矣。微風過之，湛濁動乎下，清明亂於上，則不可以得大
形之正也。」此篇所言治心之法，理確甚精。宋儒之所發揮，
舉不外此也。然此為《荀子》書中極至之語。至其通常之
論，則不貴去欲，但求可節，[186] 仍禮家之論也。

---

[186] 見《正名》篇。

第八章　法家

　　法家之學，《漢志》云：「出於理官」，此其理至易見。《漢志》所著錄者有《李子》三十二篇，《商君》二十九篇，《甲子》六篇，《處子》九篇，《慎子》四十二篇，《韓子》五十五篇，《遊棣子》一篇。今唯《韓子》具存。《商君書》有闕佚。《慎子》闕佚尤甚。《管子》書，《漢志》隸道家，然足考見法家言處甚多。大抵原本道德，《管子》最精；按切事情，《韓非》尤勝。《商君書》精義較少。欲考法家之學，當重《管》、《韓》兩書已。

　　法家為九流之一，然《史記》以老子與韓非同傳，則法家與道家，關係極密也。名、法二字，古每連稱，則法家與名家，關係亦極密也。蓋古稱兼該萬事之原理曰道，道之見於一事一物者曰理，事物之為人所知者曰形，人之所以稱之之辭曰名。以言論思想言之，名實相符則是，不相符則非。就事實言之，名實相應則治，不相應則亂，就世人之言論思

想，察其名實是否相符，是為名家之學。持是術也，用諸政治，以綜核名實，則為法家之學。此名、法二家所由相通也，[187] 法因名立，名出於形，形原於理，[188] 理一於道，[189] 故名法之學，仍不能與道相背也。[190]

　　《韓非子·楊權》篇，中多四言韻語，蓋法家相傳誦習之辭。於道德名法一貫之理，發揮最為透澈。今試摘釋數語如下：《楊權》篇曰：「道者弘大而無形，德者核理而普至，至於群生，斟酌用之。」此所謂道，為大自然之名。萬物之成，各得此大自然之一部分，則所謂德也。物之既成，必有其形。人之所以知物者，恃此形耳。形萬殊也，則必各為之名。名因形立，則必與形合，而後其名不偽。故曰：「名正物定，名倚物徙」也。名之立雖因形，然及其既立，則又別為一物，雖不知其形者，亦可以知其名。[191] 然知其名而不知其形，[192] 則終不為真知。[193] 故曰：「不知其名，復修其形」也。名因形立，而既立之後，又與形為二物，則因其形固可

---

[187]　世每稱刑名之學。「刑」實當作「形」。觀《尹文子·大道》篇可知。《尹文子》未必古書，觀其詞氣，似南北朝人所為。然其人實深通名法之學。其書文辭不古，而其說則有所本也。

[188]　萬事萬物之成立，必不能與其成立之原理相背。

[189]　眾小原則，統於一大原則。

[190]　韓非有《解老》、《喻老》二篇，最足見二家之相通。

[191]　如未嘗睹汽車者，亦可知汽車之名。

[192]　即不知其名之實。

[193]　一切因名而誤之事視此。人孰不知仁義之為貴，然往往執不仁之事為仁，不義之事為義者，即由真知仁義之名，而未知仁義之實也。

以求其名，因其名亦可以責其形。[194] 故曰：「君操其名，臣效其形。」吾操是名以責人，使效其形；人之效其形者，皆與吾所操之名相合，則名實相符而事治；否則名實不符而事亂矣。故曰：「形名參同，上下和調」也。臣之所執者一事，則其所效者一形耳。而君則兼操眾事之名，以責群臣之各效其形，是臣猶之萬物，而君猶之兼該萬物之大自然。兼該萬物之大自然，豈得自同於一物？故曰：「道不同於萬物，德不同於陰陽，衡不同於輕重，繩不同於出入，和不同於燥溼，君不同於群臣」也。然則人君之所操者名，其所守者道也。故曰：「明君貴獨道之容。」抑君之所守者道，而欲有所操，以責人使效其形，則非名固未由矣。故曰：「用一之道，以名為首」也。萬物各有所當效之形，猶之慾成一物者，必有其模範。法之本訓，為規矩繩尺之類，[195] 實即模範之義。萬物所當效之形，即法也。此道德名法之所以相通也。

法、術二字，混言之，則法可以該術；析言之，則二者各有其義。《韓非子・定法》篇曰：「今申不害言術，而公孫鞅為法。術者，因任而授官，循名而責實，操殺生之柄，課群臣之能者也，此人主之所執者也。法者，憲令著於官府，刑罰必於民心，賞存乎慎法，而罰加乎奸令者也，此臣之所

---

[194]　如向所未見之物，執其名，亦可赴市求之。
[195]　見《管子・七法》篇：《禮記》少儀：「工依於法。」注：「法，謂規矩繩尺之類也。」《周官》：掌次，「掌王次之法」，注：「法，大小丈尺。」

師也。」「韓者，晉之別國也。晉之故法未息，而韓之新法又生；先君之令未收，而後君之令又下。」「雖十使昭侯用術，而奸臣猶有所譎其辭矣。」「公孫鞅之治秦也」，「其國富而兵強。然而無術以知奸，則以其富強也資人臣而已矣。及孝公、商君死，惠王即位，秦法未敗也，而張儀以秦殉韓、魏。」「惠王死，武王即位，甘茂以秦殉周；武王死，昭襄王即位，穰侯越韓、魏而東攻齊，五年，而秦不益一尺之地，乃成其陶邑之封；應侯攻韓，八年，成其汝南之封。自是以來，諸用秦者，皆應、穰之類也。故戰勝則大臣尊，益地則私封立。」論法術之別，最為明白。要而言之：則法者，所以治民；術者，所以治治民之人者也。

古代刑法，恆不公布。[196] 制法亦無一定程式。新法故法，孰為有效不可知。法律命令，蓋亦紛然錯出。[197] 故其民無所措手足。此法家之所由生。又治人者與治於人者，其利害恆相反。後世等級較平，治人者退為治於人者，治於人者進為治人者較易。古代則行世官之法，二者之地位，較為一

[196] 觀《左氏》載子產作刑書，而叔向諍之；範宣子鑄刑鼎，而孔子非之可見，反對刑法公布者，以為如是，則民知其所犯之輕重而不之畏，不如儲存其權於上，可用不測之罰以威民也。殊不知刑法不公布，而決於用法者之心，則其刑必輕重不倫；即持法至平，民亦將以為不倫也，況其不能然乎？刑法輕重不倫，則其有罪而倖免者，有無罪而受罰者。有罪而倖免，民將生其僥倖之心，無罪而受罰，民益將鋌而走險。法之不為人所重，且彌甚矣。

[197] 讀《漢書·刑法志》可知。此雖漢時情形，然必自古如此。而漢人沿襲其弊也。

定而不移，故其利害之相反愈甚。春秋、戰國之世，所以民窮無告，雖有願治之主，亦多不能有為，皆此曹為之梗。此則術家言之所由生也。如韓非言，申、商之學，各有所長，非蓋能並通之者邪？

法家精義，在於釋情而任法。蓋人之情，至變者也。喜時賞易濫，怒時罰易酷，論吏治者類能言之。人之性寬嚴不同，則尤為易見矣。設使任情為治，即令斟酌至當，終不免前後互殊，而事失其平，人伺其隙矣。法家之義，則全絕感情，一準諸法。法之所在，絲毫不容出入。看似不能曲當，實則合全域性，通前後而觀之，必能大劑於平也。禮家之言禮曰：「衡誠懸，不可欺以輕重；繩墨誠陳，不可欺以曲直；規矩誠設，不可欺以方圓；君子審禮，不可誣以奸詐。」[198]此數語，法家之論法，亦恆用之。蓋禮法之為用雖殊，其為事之準繩則一耳。

職是故，法家之用法，固不容失之輕，亦斷不容畸於重。世每譏法家為武健嚴酷，此乃法家之流失，非其本意也。至司馬談詆法家「絕親親之恩」，《漢志》亦謂其「殘害至親，傷恩薄厚」，則並不免階級之見矣。

自然力所以為人所畏服者，實以其為必至之符。人則任情為治，不免忽出忽入，黠者遂生嘗試之念，願者亦啟僥倖

---

[198]　《禮記·經解》。

之心，而法遂隳壞於無形矣。設使人治之必然，亦如自然律之無或差忒，則必無敢僥倖嘗試者，國安得而不治？《韓非子‧內儲說上》曰：「董閼於為趙上地守。行石邑山中，見深澗峭如牆，深百仞。因問其旁鄉左右曰：人嘗有入此者乎？對曰：無有。曰：嬰兒盲聾狂悖之人嘗有入此者乎？對曰：無有。牛馬犬彘嘗有入此者乎？對曰：無有。董閼於喟然太息曰：吾能治矣。使吾治之無赦，猶入澗之必死也，則人莫之敢犯也，何為不治？」此賞之所以貴信，罰之所以貴必也。不特此也。人有所求而無術以致之，固亦未嘗不可以偶遇。然此乃或然或不然之數，不足恃也。學問之道無他，求為可必而已矣。《韓非子‧顯學》篇曰：「恃自直之箭，百世無矢；恃自圜之木，千世無輪矣。自直之箭，自圜之木，百世無有一，然而世皆乘車射禽者何也？隱栝之道用也。雖有不恃隱栝自直之箭，自圜之木，良工勿貴也。何則？乘者非一人，射者非一發也。」可謂言之深切著明矣。故法家之重人治，與其信賞必罰，理實相通，皆出於法自然之說者也。

　　法家貴綜核名實，故其所欲考察者，恆為實際之情形。執舊說而謬以為是，法家所不取也。職是故，法家恆主張變法。《韓非子》曰：「古之毋變，常之毋易，在常古之可與不可。」[199] 此即務察其實，而不眩於虛論之精神也。又曰：「凡

---

[199]　《南面》。

人難變古者，憚易民之安也。夫不變古者，襲亂之跡；適民心者，恣奸之行也民愚而不知亂，上懦而不能更，是治之失也。人主者，明能知治，嚴必行之，故雖拂於民心，立其治。」此則既明實際之情形，而斷以行之者矣。商鞅、吳起之徒，所以一出而收富國強兵之效者，以此。

術家之言，千條萬緒，而一言以蔽之，不外乎「臣主異利」四字。蓋社會之組織，非至極安和之境，則公私之利害，終不能無相反之處；而凡人之情，必皆先私而後公，此督責之所由不可廢也。不特有特權之官吏為然也，即受治之人民亦然。故《韓子》又言「法為人民所同惡。」此法、術二家之所由相通也。[200]

職是故，法家之治民，乃主大處落墨，而不主苟順民情。《韓非子·心度》篇謂「聖人之治民，度其本，不從其欲，期於民利」是也。今有孺子將入井，人見而止之，或不免嬰孺子之怒。然謂孺子之入井，為有求死之心固不可，則止之若違其欲，實順其欲也。人孰不欲利？然能得利者卒寡，不能得利者卒多，何哉？昧於利不利之故，不知利之所在也。故順人之慾者，未必其為利之；反人之慾者，未必其非利之也。特欲或隱而難見，或顯而易知。當其隱而未

---

[200]　臣主異利之義，《韓非子》中《八奸》、《奸劫弒臣》、《備內》諸篇，言之最切。法為臣民所同惡，見《和氏》篇。

見之時，無從家喻戶曉耳。故曰：「凡民可與樂成，難與慮始。」[201]

　　凡為國家社會之害者，非把持則僥倖之徒。把持謂已得地位之人，僥倖則未得地位，而思篡取之之人也。法術家務申國家社會之公利，故於此曹，最為深惡痛絕。凡裁抑大臣之說，皆所以破把持；而力詆遊士之言，即所以絕僥倖也。見《韓非子・五蠹》篇。

　　《韓非子・問辯》篇曰：「或問曰：辯安生乎？對曰：生於上之不明也。明主之國。」「令者，言最貴者也。法者，事最適者也。言無二貴，法不兩適，故言行而不軌於法令者必禁。若其無法令而可以接詐應變，生利揣事者，上必採其言而責其實。言當則有大利，不當則有重罪。是以愚者畏罪而不敢言，智者無以訟。此所以無辯之故也。亂世則不然。主上有令而民以文學非之；官府有法，民以私行矯之。人主顧漸其法令，而尊學者之智行，此世之所以多文學也。夫言行者，以功用為之的彀者也。」「今聽言觀行，不以功用為之的彀，言雖至察，行雖至堅，則妄發之說也。是以亂世之聽言也，以難知為察，以博文為辨；其觀行也，以離群為賢，以犯上為抗。」「是以儒服帶劍者眾而耕戰之士寡。堅白無

[201]　此義主張太過，有時亦有流弊。蓋不從民欲，當以民利為期。若徑以人民為犧牲，則失其本意矣。韓非《備內》篇曰：「王良愛馬，為其可以馳驅；勾踐愛人，乃欲用以戰鬥。」即坐此失。《商君書》、《弱民》篇主張尤偏。

117

厚之辭章,而憲令之法息。」此說也,即李斯之所以焚書。《管子·法禁》其說略同,可以參觀。知斯之行此,乃法家固有之義,而非以媚始皇矣。人性原有善惡兩面,法家則專見其惡,彼聞上令則各以學議之者,豈必以私計之便哉?亦或誠出於大公,冀以其所學,移易天下也,而自法家觀之,則恆以為自便私圖之士,遂不得不取此一切之法矣。然韓子但欲採其言責其實,則似尚未欲一概禁絕之,而斯又變本加厲耳。

言行以功用為穀的,推之至極,遂至列文學於五蠹,目詩書為六蝨,此亦失之太過。然《韓子》又曰:「糟糠不飽者,不務粱肉;短褐不完者,不待文繡。」則其意自欲以救時之弊,非謂平世亦當如此也。

人之情,恆不免先私而後公,此特凡民為然。豪傑之士,固不如此。此少數豪傑之士,則國之所恃以立,而亦人民之所託命也。韓子之意,當時上而貴臣,下而遊士,無非國之蠹,民之賊者,唯法術之士為不然。其說見於《難言》、《孤憤》、《說難》、《奸劫弒臣》、《問田》諸篇。此或亦實在之情形也。[202]

法家之言,皆為君主說法,設君主而不善,則如之何?萬事一決於法,而持法者為君主,設君主而壞法,則如之

---

[202]　貴族腐敗不可救藥。遊士則多數但為身謀。

何？近之持立憲論者，每以是為難。然此乃事實問題，不足以難法家也。何者？最高之權力，必有所歸。所歸者為君主，固可以不善；所歸者為他機關，亦可以為不善。歸諸一人，固不免壞法；歸諸兩機關以上，豈遂必不能壞法？今之議會，不與政府狼狽為奸乎？議會與政府，非遂無爭，又多各為其私，非必為國與民也。故曰：此事實問題也。

　　法之本義為模範，乃有所作者之所當則。術之本義為道路，則有所之者之所必由。自法術家言之，其學殆不可須臾離也。執法之不免拘滯，法家豈不知之？然終斤斤於是者，則以其所失少所得多也。《韓非子》曰：「釋法術而心治，堯舜不能正一國。去規矩而意度，奚仲不能成一輪。」[203] 謂此矣。即謂苟有堯舜，雖釋法術而心治，亦可正國；苟有奚仲，雖去規矩而意度，亦可成輪；然「堯、舜、桀、紂，千世而一出。背法而待堯、舜，是千世而一治；抱法而待桀、紂，是千世而一亂也。」況乎釋法術，堯、舜亦未必能治；即能治，亦事倍而功半耶？[204]

　　以上徵引，十九皆出《韓非》。以今所存法家之精義，

---

[203]　《用人》。

[204]　孟子曰：「離婁之明，公輸子之巧，不以規矩，不能成方圓。師曠之聰，不以六律，不能正五音。堯、舜之道，不以仁政，不能平治天下。」其思想全與法家同。特又曰：「徒善不足以為政，徒法不能以自行」，人與法並重，不如法家之側重於法耳。然苟法嚴令具，則雖得中主，亦可蒙業而安，此亦儒家所承認也。則法家所謂抱法而待桀、紂，千世而一亂者，亦不背於儒也。

多在此書也。至《商君書》之所論，則「一民於農戰」一語，足以盡之。《史記·商君列傳》：「太史公曰：餘嘗讀商君開塞耕戰書，與其人行事相類。」《索隱》曰：「案《商君書》，開謂刑嚴峻則政化開，塞謂布恩惠則政化塞，其意本於嚴刑少恩。又為田開阡陌，及言斬敵首賜爵；是耕戰書也。」釋開塞義，與今書開塞篇不合。晁公武《郡齋讀書志》，謂司馬貞未嘗見其書，安為之說。今案開塞耕戰，蓋總括全書之旨，非專指一兩篇。《索隱》意亦如此，晁氏自誤解也。然《索隱》釋開塞亦誤。《尉繚子·兵教下》篇曰：「開塞，謂分地以限，各死其職而堅守。」此則開塞二字之古義也。《商君書》重農戰，度必有及分地堅守之說者，今其書偏亡，而其說遂不可見耳。

　　《李子》，《漢志注》云：「名悝，相魏文侯。」近人云：「《食貨志》言李悝為魏文侯作盡地力之教，與《史記·貨殖傳》言當魏文侯時，李克務盡地力正合，故知克、悝一人。」陳群《魏律序》言悝撰次諸國法，著《法經》六篇，商鞅受之以相秦。[205] 黃奭有輯本。《漢志》所著錄之《李子》則亡矣。

　　慎到棄知去己，而緣不得已，已見第六章第六節。此為道家言。《呂覽·慎勢》，《韓子·難勢》皆引其言，則法家言

---

[205]　見《晉書·刑法志》。

也。《慎勢》篇:「慎子曰:今一兔走,百人逐之,非一兔足為百人分也,由未定。[206] 由未定,堯且屈力,而況眾人乎?積兔滿市,行者不顧,非不欲兔也,分已定矣。分已定,人雖鄙不爭。故治天下及國,在乎定分而已矣。」《呂覽》引此,為「立天子不使諸侯疑焉,立諸侯不使大夫疑焉,立適子不使庶孽疑焉」之證。蓋位之所存,勢之所存,欲定於一,必先明分也。然則慎子勢治之論,即是法家明分之義。《荀子》謂慎子「有見於後,無見於先」,[207] 蓋指其道家言言之;又謂慎子「蔽於法而不知賢」,[208] 則指其法家言言之也。此亦可見道、法二家之相通也。[209]

---

[206]　由同猶。
[207]　《天論》。
[208]　《解蔽》。
[209]　今本《慎子》五篇,皆普通法家言。

第九章　名家

　　名家之書，《漢志》所著錄者有《鄧析》二篇，《尹文子》一篇，《公孫龍子》十四篇，《成公生》五篇，《惠子》一篇，《黃公》四篇，《毛公》九篇。今唯《公孫龍子》，尚存殘本，餘則非亡即偽矣。

　　鄧析之事，見於《呂覽·離謂》。《離謂》篇曰：「子產治鄭，鄧析務難之，與民之有獄者約，大獄一衣，小獄襦褲。民之獻衣襦褲而學訟者，不可勝數。以非為是，以是為非。是非無度，而可與不可日變。所欲勝因勝，所欲罪因罪。鄭國大亂，民日歡譁。子產患之。於是投鄧析而戮之，民心乃服，是非乃定，法律乃行。」《荀子·宥坐》、《說苑·指武》、《列子·力命》亦謂鄧析為子產所殺。據《左氏》，則昭公二十年子產卒，定公九年，駟顓乃殺鄧析。二者未知孰是。要之鄧析為鄭執政者所殺，則似事實也。其書《隋志》一卷。今本仍一卷，二篇。辭指平近，不類先秦古書。蓋南

北朝人所偽為，故唐以來各書徵引多同也。

尹文子《漢志》云：「說齊宣王，先公孫龍。」《莊子·天下》以宋鈃、尹文並舉。《呂覽·正名》則以尹文所說者為齊湣王。曰：「齊王謂尹文曰：寡人甚好士。尹文曰：願聞何謂士？王未有以應。尹文曰：今有人於此，事親則孝，事君則忠，交友則信，居鄉則悌，有此四行者，可謂士乎？齊王曰：此真所謂士已。尹文曰：王得若人，肯以為臣乎？王曰：所願而不能得也。尹文曰：使若人於廟朝中，深見侮而不鬥，王將以為臣乎？王曰：否。夫見侮而不鬥，則是辱也，辱則寡人勿以為臣矣。尹文曰：雖見侮而不鬥，未失其四行也。未失其四行，是未失其所以為士一矣。未失其所以為士一，而王不以為臣，則向之所謂士者乃士乎？王無以應。」「尹文曰：王之令曰：殺人者死，傷人者刑。民有畏王之令，深見侮而不敢鬥者，是全王之令也。而王曰：見侮而不敢鬥，是辱也。不以為臣，此無罪而王罰之也。齊王無以應。」高注曰：「尹文，齊人，作《名書》一篇。在公孫龍前，公孫龍稱之。」則《漢志》所謂尹文說齊宣王者，即指《呂覽》所載之事。一云宣王，一云湣王，古書此等處，大抵不能精審也。高氏說既與《漢志》合，則其所謂《名書》者，亦必即《漢志》所謂《尹文子》矣。今所傳《尹文子》分二篇。言名法之理頗精，而文亦平近。疑亦南北朝人所為故《群書治

要》已載之也。

公孫龍子說趙惠王偃兵，見《呂覽·審應》；說燕昭王偃兵，見《呂覽·應言》；與孔穿辯論，見《呂覽·淫辭》。其書存者六篇。篇數與《漢志》不符，其辭容有附益，然大體非後人所能為。[210] 蓋《漢志》十四篇之殘本也。毛公，《漢志》云：「趙人，與公孫龍等並遊平原君趙勝家。」師古曰：「劉向云：論堅白同異，以為可以治天下。」此外無可考。

與公孫龍有關係者，又有魏公子牟。亦稱中山公子牟。見《莊子·秋水·讓王》[211]，《列子·仲尼》篇。又《莊子·天下》篇，以桓團、公孫龍並舉。桓團行事無考。

惠施為名家鉅子。《莊子·天下》篇，稱「惠施多方，其書五車。」又曰：「南方有畸人焉，曰黃繚，問天地所以不墜不陷，風雨雷霆之故。惠施不辭而應，不慮而對，遍為萬物說，說而不休，多而無已。猶以為寡，益之以怪。」《徐無鬼》篇：惠施死，莊子曰：自夫子之死也，吾無與之言矣。[212] 莊周學說，與惠施最相近，然而判為二派者，莊子以生有涯而知無涯，而惠施則多其辭說。故莊子譏之曰：「由天地之

[210] 《呂覽》高注，謂尹文在公孫龍前，公孫龍稱之。案尹文說齊王事，見《公孫龍子·跡府篇》，以為公孫龍難孔穿，則此篇或即高誘所見。亦此書非偽之一證也。
[211] 《呂覽·審為》略與《讓王》同。
[212] 《說範·說叢》篇同。《淮南子·脩務訓》亦曰：「惠施死而莊子寢說言。」

道觀惠施之能，其猶一蚊一虻之勞。」而又惜其散於萬物而不厭，逐萬物而不反，是窮響以聲，形與影競走也。又「惠子事」亦見《莊子·秋水》，《呂覽》中《淫辭》、《不屈》、《應言》、《愛類》諸篇。[213]

成公生，《漢志》云「與黃公等同時。」[214] 黃公，《漢志》曰：「名疵，為秦博士。作歌詩，在秦歌詩中。」

名、法二家，關係最密，說已見前。顧其學與墨家關係有尤密者。《墨子》書中有《經上》、《經下》、《經說上》、《經說下》、《大取》、《小取》六篇，雖難盡通，要可知為論名學之作。《莊子·天下篇》，稱桓團公孫龍辯者之徒；而晉魯勝合《墨子》之《經上》、《經下》、《經說上》、《經說下》四篇而為之注，稱之曰《墨辯》，則今所謂名學，古謂之辯學也。《呂覽》載尹文之說，極致謹於名實之間，而亦及見侮不鬥。《荀子·正論》，述子宋子之說曰：「明見侮之不辱，使人不鬥。」知莊子以宋鈃、尹文並列為不誣矣。《呂覽·審應》載「趙惠王謂公孫龍曰：寡人事偃兵十餘年矣而不成，兵可偃乎？公孫龍對曰：偃兵之意，兼愛天下之心也。兼愛天下，不可以虛名為也，必有其實。今藺、離石入秦，而王縞素布總；東攻齊得城，而王加膳置酒。齊得地而王布總，齊亡地

---

[213]　高注謂惠施宋人。
[214]　師古引劉向云：「與李斯子由同時。由為三川守，成公生遊談不仕。」

而王加膳、所，非兼愛之心也，此偃兵之所以不成也。」兼愛偃兵，墨家之旨；致謹名實，名家之學也。《荀子‧正名》篇：「『見侮不辱』，『聖人不愛己』，『殺盜非殺人也』，此惑於用名以亂名者也。」「『山淵平』，『情慾寡』，『芻豢不加甘』，『大鍾不加樂』，此惑於用實以亂名者也」。「『非而謁楹有牛，馬非馬也』，此惑用於名以亂實者也。」亦皆兼名墨二家之說。《莊子‧天下篇》云：「相里勤之弟子，五侯之徒，南方之墨者，苦獲、己齒、鄧陵子之屬，俱誦《墨經》，而倍譎不同，相謂別墨，以堅白同異之辯相訾，以觭偶不仵之辭相應。」其所誦，蓋即今《墨子》中之《經上》、《經下》篇。名家縱不必即出於墨，而名墨之學，關係極密，則無可疑矣。夫墨家重實利，而名家則騁玄妙之辭；墨家主兼愛，而法家則尚刻核之政；抑法家重綜核，而名家則操兩可之說，設無窮之辭。其學之相反如此也，而其關係之密如彼，豈不異哉？

　　雖然，此無足異也，《漢志》：法家者流，出於理官。名家者流，出於禮官。墨家者流，出於清廟之守。理之與禮，關係極密，無待於言；而清廟則禮之所由行也，禮者事之準，辦事而無標準，必覺其無從辦起。故曰：「名不正則言不順，言不順則事不成。」夫禮之初，則社會之習慣而已。所謂正名者，則謹守社會之習慣而已。然禮有沿亦有革，斯官有創

亦有因。其因仍沿襲者，固可即固有之禮而謹守之，而不必問其何以當如此；其革故鼎新者，則必求其協諸義而協，而禮之原理，不容不講矣。職是故，古之禮官及理官，其學遂分為二派：一極言名之當正，而務求所以正之之方，此為法家之學；一深探千差萬別之名，求其如何而後可謂之正，是為名家之學。夫執法術以求正名之實行者，固應審我之所謂正者果正與否；而深探名之如何而後可稱為正者，既得其說，亦必求所以實行之。此名法二家，所以交相為用也。抑名以立別，而名家之說，反若天地萬物，皆為一體，只見其同，不見其異。此則宇宙萬物，本相反而相成，苟探求之至於極深，未有不覺其道通為一者也。名法二者，蓋亦同源而異流，而古代庶政統於明堂，則清廟實名法二家所由出。故二家之學，亦有存於墨家者焉。[215]

《墨子》中《經》、《經說》、《大取》、《小取》六篇，所涉範圍甚廣。如曰：「知，材也。[216] 慮，求也。知，接也。[217] 恕，明也。」[218] 此論人之知識問題者也。又曰：「舉，擬實也，[219] 言，出舉也。所以謂，名也。所謂，實也。名實耦，

---

[215] 參看第十章秦始皇謂吾收天下書不中用者盡去之，豈尚微妙之論。然黃公為秦博士，蓋名法相通，黃公實以法家之學見用也。

[216] 此言能知之具。

[217] 此言吾知之接於物。

[218] 此言知物之明晰狀態。

[219] 此言人之觀念。

合也。或也者,不盡也。[220] 假也者,今不然也。[221] 效也者,為之法也。所效者,所以為之法也。闢[222]者,援也[223]物而以明之也。侔也者,比辭而俱行也。援也者,曰:子然,我奚獨不可以然也?推也者,以其所不取之。[224] 同於其所取者予之也。是猶謂也[225]者同也,吾豈謂也[226]者異也。」皆論辯論之法者也。又曰:「生,形與知處也。臥,知無知也。[227]夢,臥而以為然也。平,知無慾惡也。聞,耳之聰也。循所聞而得其意,心之察也。言,口之利也。執所言而意得見,心之辨也。」說與今心理學相符。又曰:「體,分於兼也。[228]端,體之無序而最在前者也。[229] 尺,前於區而後於端。[230] 區,無所大;厚,有所大也。[231] 平,同高也。中,同長也。圜,一中同長也。方,柱隅四讙也。」[232] 與今幾何學暗合。又曰:「仁,體愛也。[233] 義,利也。任,士損己而益所為也。」則

---

[220]　或,有也。有然者則不盡然。
[221]　謂假設之辭。
[222]　同譬。
[223]　同他。
[224]　同者。
[225]　同他。
[226]　同上。
[227]　上知字為「知材也」之知,下知字為「知接也」之知。
[228]　兼為全量,體為部分。
[229]　點。
[230]　尺為線,區為面。
[231]　厚為體。
[232]　讙同匜。
[233]　體,即分於兼之體。

仍與兼愛之說相應。[234] 此外關於科學論理者，尚有多條。近人於此，詁釋較詳，有專書可看。[235] 茲不更及。其鄧析、惠施、桓團、公孫龍之學，散見諸子書中者，於下文略論之。

案《莊子·天下》篇，舉惠施之說，凡十事：

（甲）至大無外，謂之大一；至小無內，謂之小一。此破俗大小之說也。大無止境，小亦無止境。俗所謂大所謂小者，皆強執一境而以為大以為小耳。問之曰：汝所謂大者，果不可更大？所謂小者，果不可更小乎？不能答也。可以更大，安得謂之大？可以更小，安得謂之小？故俗所謂大小，其名實不能立也。故惠子破之曰：必無外而後可以謂之大，必無內而後可以謂之小。夫無內無外，豈人心所能想像？然則大小之說，不能立也。

（乙）無厚，不可積也，其大千里。此破有無之說也。天下唯一無所有者，乃得謂之無所不有。何也？既曰有矣，則必有與之對者。如爾與我對，此物與彼物對是也。我愈小，則與我為對之物愈多。然若小至於無，則無物能與我對。夫與我對者非我也，則不與我對者必我也。無物能與我對，則無物非我也。故唯無為最大。《淮南子》曰：「秋毫之末，淪

---

[234]　參看第十章。
[235]　予所見者，有梁啟超《墨經校釋》，張之銳《新考正墨經注》，皆佳。胡適《中國哲學史大綱》上卷，亦以論墨經一章為最善。又《學衡雜誌》載李笠定本《墨子閒詁序》，未見其書。

於無間，而復歸於大矣。」正是此理。無厚之厚，即《墨子》厚有所大也之厚，幾何學所謂體也。其大千里，乃極言其大，即最大之意。不可泥字面看。

（丙）天與地卑，山與澤平。《荀子·不苟》篇作「天地比，山淵平。」卑即比也。此條蓋破高下相對之見。古天官家謂自地以上皆天也。

（丁）日方中方睨，物方生方死。此說亦見《莊子·齊物論》。破執著一事，以為與他事有截然分界之見也。今有人焉而死，世俗之論，必以其死之一剎那為死，而自此以前，則皆為生。姑無論所謂一剎那者不可得也。即強定之，而凡事必有其原因。人之死，非死於其死之時也，其前此致死之因，豈得與死判為兩事？因果既不容判，而因又有其因焉，因之因又有其因焉，則孰能定其死於何時？以人之生死論，只可謂有生以後，皆趨向死路之年耳；只可謂方生之時，即趨向死路之時耳。他皆放此。[236]

（戊）大同而與小同異，此之謂小同異；萬物畢同畢異，此之謂大同異。此破同異之說也。天下無絕對相同之物，無

---

[236]　此理與儒家日中則昃，月盈則食之說相通。天體執行不已，原無所謂中，亦無所謂昃；然就人之觀察，強立一點而謂之中，則固可指自此以前之執行，為自昃向中；自此以後之執行，為自中向昃也。故其下文即曰：「天地盈虛，與時訊息。」盈虛訊息，萬物之本然。所謂盛衰倚伏者，則就人之觀察，而強立一點焉，指之曰：此為盛，此為衰耳。

論如何相類，其所占之時間空間決不同，便為相異之一點，
此萬物必異之說也。天下無絕對相異之物。無論如何相異，
總可籀得其中之同點。如牛與馬同為獸，獸與人同為動物，
動物與植物同為生物是也。此萬物畢同之說也。

（己）南方無窮而有窮。古天官家不知有南極，故於四
方獨以南為無窮。[237] 夫地不能無厚，既有厚，則向反面進，
勢必復歸於正面，是南方無窮之說，不可通也。地既可以周
遊，則隨處皆可為中點。故曰：「我知天下之中央，燕之北，
越之南是也。」[238]

（庚）今日適越而昔來。此破時間分析之見也。夫時無
界也，今云昔云，乃至一時一分一秒，皆人之所假立也。果
不離因，二者本為一事。自人有時間觀念，乃即一事強分為
若干節，而別而指之曰：此為因，此為果焉。實不通之論
也。何也？自適越以至於至，原為一事，人必強分為兩事，
不過自適迄至，為時較長，得容分析耳。今有一事，時間甚
短，不復容人之分析，則即視為一事矣。然則此或分為兩，
或合為一者，乃人之觀念則然，而非事物之本體然也。今人
之分析時間，蓋極於秒。同在一秒中之事，即不復計較其先

[237]　孫詒讓說。見《墨子閒詁·經說下》。案此蓋天之說也，蓋天之說，以北極
　　　為中心，四面皆為南方。
[238]　見下第九條。或謂合此兩條觀之，似古人已知地體渾圓。此殊不然。凡有厚
　　　之物，向反面進，皆可復歸於正面，初不問其圓不圓也。

131

後矣。今命初一為 a，初二為 b。初一自北平行，初二至南京，命之曰 a 適南京而 a 至，固不可也。又命一時為 a，二時為 b。一時自黃浦江邊行，二時而抵上海縣城，命之曰 a 適上海而 a 至，亦不可也。然一秒之時，既不再加以分析，則將通命之曰 a。今適至近之地，以此一秒鐘發，亦以此一秒鐘至，則以吾儕之語言道之，將曰 a 適某地而 a 至矣。假有時間分析，較吾儕更細者，彼視此一語之可笑，與吾儕視 a 適南京而 a 至，a 適上海而 a 至之語，無以異也。設有時間分別，較吾儕更粗者，其視今日適南京而明日至，一時適上海而二時至，其無庸分別其適與至，亦與吾儕視適與至皆在一秒鐘內者，無以異也。則初一適南京而初二至，一時適上海而二時至，自彼言之，雖曰 a 適南京而 a 至，a 適上海而 a 至，亦無不可矣。此今日適越而昔來之說也。又此條以理事無礙之說解之亦可通。參看下卯有毛一條。

（辛）連環可解也。此條可有二解：一即繫鈴解鈴之說。連環若本一物，無待於解；若本兩物，則如何連，即如何解耳；此一說也。又宇宙本系一體，凡宇宙間事，實系一事，而世必強分之為若干事，實不通之論也。然世無不以為通者。如此武斷之論，而可以成立，連環又何不可解乎？

（壬）我知天下之中央。燕之北，越之南是也。說見前。

（癸）氾愛萬物，天地一體也。此條為惠施宗旨所在。前

此九條，皆所以說明此條者也。蓋由前此九條所說，可見物無彼此之分，時無古今之別，通宇宙一體耳。[239] 既通宇宙皆一體，則我即萬物，萬物即我，其汎愛萬物宜矣。

以上為莊子述惠施之說。又《荀子·不苟》篇，述惠施、鄧析之說，凡五事：

（子）山淵平，天地比。說已見前。

（醜）齊、秦襲。襲，重也。齊、秦襲，猶言齊、秦只在一處。似即莊子東西相反而不可相無之理。

（寅）入乎耳，出乎口。疑當作入乎口，出乎耳。即臧三耳之旨。言人之聽不恃耳，別有所以為聽；言不恃口，別有所以為言也。夫聽不恃耳，而別有所以為聽；言不恃口，而別有所以為言，則雖謂入乎口，出乎耳，亦無不可矣。名家之言，多與常識相反，所以矯常識之謬也。入乎耳，出乎口，人人知之，何待言邪？

（卯）鉤有須。俞樾曰：「鉤疑姁之假。」是也。姁，嫗也。此即萬物畢同畢異之說。言世所視為絕對相異者，其中仍有同點在也。夫人之異莫如男女；男女之異，莫顯乎有須無須。然世豈有絕對之男女乎？男子之有女性，女子之有男性者，蓋不少也。女子而有男性，則雖謂姁有須可也。

---

[239]　古人用天地字，往往作宇宙字解。

（辰）卵有毛。見下。

又《莊子·天下》篇述桓團、公孫龍辯者之徒與惠施相應之說。

（1）卵有毛。此理與華嚴之理事無礙觀門通，亦即今日適越而昔來之理。蓋凡事果不離因，而因復有因，則無論何事，皆不能指其所自始；皆自無始以來，即如此耳。今若執卵無毛者，試問此卵，如法孵之，能有毛否？若曰無毛，實驗足以證其非。若曰有毛，今實無毛，汝何以能預知。觀卵而決其能有毛，謂卵無毛可乎？卵之無毛，未有是事，實有是理。事不違理，有是理，即謂有是事可也。是卵有毛也。

（2）雞三足。此即臧三耳之說也。蓋謂官體之所為，非徒官體，其外別有使之者。《墨經》云：「聞，耳之聰也。循所聞而意得見，心之察也。」即此理。設無心之察，則耳之所聞，唯一一音耳。[240] 然則聞者不徒耳，行者不徒足，足與耳之外，尚別有一物在也。推是理也，即一事而指其所能見者，以為其事遂盡於此，則謬矣。如敵國來侵，豈其一一兵卒之為之邪？

（3）郢有天下。此似一多相容之理。萬物畢同畢異，則任舉一物，而萬物之理，皆涵於其中，故芥子可以納須彌

---

[240]　聽素所不解之語言即如此。

也。閩粵械鬥之族，豈能為民國三年歐洲之大戰？然此械鬥之性質，謂即歐戰之心理，無不可也。不忍一牛之心，擴而充之，可以保四海，即由於此。

（4）犬可以為羊。此即萬物畢同畢異之理。犬未嘗無羊性，其所以與羊異者：（一）由其生理之不同；（二）由一切環境，有以發達其異於羊之性，而遏抑其同於羊之性也。若有一法焉，專發達其類乎羊之性。而除去其異乎羊之性，則固可使之為羊。男子閹割，則顯女性；少成若性，習慣自然，皆是此理。

（5）馬有卵。似即姁有須之意。上條言物之後天性質，可以彼此互易。此條言其先天亦無絕對之異也。

（6）丁子有尾。丁子，未詳。

（7）火不熱。此條謂物之性質，起於人之感覺。同一火也，灼恆人之膚而以為痛，炙病者之肌而感其快，火豈有冷熱邪？飲者一斗亦醉，一石亦醉，酒之性質，果能醉人乎？《墨子·經說》曰：「謂火熱也，非以火之熱。」即此理。

（8）山出口。未詳。謂山亦可以為谷也？

（9）輪不輾地。此條之意，與今日適越而昔至相反。彼明一事而世人妄析之，此明多事而世人妄合之也。天下事不分析則已，既分析，則皆可至於無窮，謬視之為一事，無當

也。如德入侵法，世每以為德意志之國家為之，視為一事。然無作戰之人人，豈復有侵法之事。輪之著地，實止一點。點點相續，與非全輪之碾地者何異？世乃只見輪而不覆審其著地時之實狀，何邪？

（10）目不見。此條與火不熱相反。彼言客觀之性質，皆主觀所賦。此言主觀之感覺，待客觀而成也。

（11）指不至，至不絕。《列子》作「有指不至，有物不盡。」又載公子牟之言曰：「無指則皆至，盡物者常有。」《公孫龍子》曰：「物莫非指，而指非指。天下無指，物無可以謂物。天下而物，可謂指乎？指也者，天下之所無也。物也者，天下之所有也。」案指者，方向之謂。《淮南・氾論訓》：「此見隅曲之一指，而不知八極之廣大。」是其義也。[241] 方向因實物而見，非先有空間，乃將實物填塞其中。故曰：「物莫非指，而指非指。指也者，天下之所無；物也者，天下之所有也。」指因物而見。天下之物無窮，則指亦無窮。故曰：「指不至，至不絕。」若欲窮物以窮指，則既云有物，即必有他物與之對待者。故曰：「有物不盡」也。

（12）龜長於蛇。物之長短，不當以兩物互相比較，而當各以其物之標準定之。長不滿七尺，而衣七尺之衣，已覺其

---

[241]　《荀子・王霸》篇：「明一指。」《管子・樞言》篇：「強之強之，萬物之指也。」皆此義。《莊子・養生主》：「指窮於為。薪，火傳也，不知其盡也。」指字當絕。為，偽也，化也，言方向迷於變化也。

長。九尺四寸以長，而衣八尺之衣，已覺其短矣。此龜長於蛇之說也。[242]

（13）矩不方，規不可以為圓。此即「跡者履之所自出，而跡豈履也哉」之意。凡一定之械器，恆能成一定之物，世遂以此械器為能成此物。其實不然也。一物之成，必有其種種條件，械器特此諸條件之一耳。能治天下者必有法，執其法，遂謂足以治天下，其失同此。

（14）鑿不圍枘。此破有間無間之說也。《墨經》曰：「有間，中也。」「間，不及旁也」，間之界說如此。然自理論言之則可，物之果有間無間，則非感覺所能察也。而世之人每憑其感覺，以定物之有間或無間。吾見兩物相密接，則以為無間；見兩物不相密接，則以為有間焉，其實不然也。即如枘之入鑿，[243] 世皆以為無間者也，此鑿圍枘之說也。然使果無間隙，枘豈得入？可見世俗所謂有間無間者繆也。此鑿不圍枘之說也。

（15）飛鳥之影，未嘗動也。《列子》作「景不移」。公子牟曰：「影不移者，說在改也。」注引《墨子》曰：「影不移，說在改為也。」今本《墨經》作「影不徙，說在改為。」「為」字無義，疑當如《列子》作「說在改」。《經說》曰：「光

至景亡。」言後光既至，前影旋亡。目視飛鳥之影，一似其自成一物，隨鳥之飛而移者，其實鳥移至第二步，則其第一步之影已亡，所見者為後光所生之新影矣。此以影戲為喻，最為易曉。人看影戲，一似其人為一人，物為一物者，實乃無數影片所續成也。

（16）鏃矢之疾而有不行不止之時。此條與前條，皆所以破動靜之見也。飛鳥之影，未嘗動也，而世皆以為動，既喻之矣。然世必曰：飛鳥之影未嘗動，飛鳥固動也，則請更以鏃矢喻。夫鏃矢之行，疾矣，此世所以為動者也。及其止也，則世所以為靜者也。今乃曰：有不行不止之時，何哉？今假矢行千尺，為時一秒。則每行一尺，須一秒之千分之一。不及一秒千分一之時，矢可謂之行乎？人謂矢行而不止，只是不能覺其止耳。今假有物，其生命之長，尚不及一秒之千分之一，則彼唯見此矢之止，視此矢為靜物也。同理，矢委地而不動，人則見為止；然更歷千萬年，安知其不移尺寸乎？今假有物，以萬期為須臾，則其視此矢，豈不常見其動哉？

（17）狗非犬。犬未成豪曰狗。是狗者，犬之小者也。謂狗非犬，是謂少壯之我，非老大之我，可乎哉？然以新陳代謝之理言之，少壯之我，至老大已一切不存，安得同謂之我？若其一切皆異，而仍得同謂之我，則世所指為他者，亦

138

不過與我一切皆異耳，何以又謂之他乎？

（18）黃馬驪牛三。黃馬一，驪牛一，是二也，安得謂
之三？雖然，名因形立，而既立則與形為二。黃馬驪牛之觀
念，與黃馬驪牛，實非一物也。故曰三也。

（19）白狗黑。物無色也。色者，人目所見之名耳。假物
有色，則其色應恆常不變。然在光線不同之地，同物之色，
即覺不同，則物豈有本色哉？然則白狗之雲，乃我在某種光
線之下視之之色也；易一境而觀之，安知非黑？《墨經》曰：
「物之所以然，與所以知之，與所以使人知之，不必同。」
即此理。「物之所以然」，狗之真相也，無人能見。「所以知
之」，我所見狗之色也。「所以使人知之」，人所見狗之色
也。我所見狗之色，與人所見狗之色，人恆以為相同，其實
不然。何則？我與人不能同占一空間；又我告人，使視此犬，
人聞我言，因而視之，其中時間，亦復不同。時異地異，其
所見狗，必不同色也。夫我謂之白，人亦謂之白；我謂之黑，
人亦謂之黑，此世人所以以其所見為大可恃也。今則證明：
我之所見，與人之所見，實不同物矣。所見實不同物，而可
同謂之白，同謂之黑，則謂黑為白，又何不可？

（20）孤駒未嘗有母。《列子》作「孤犢未嘗有母。」公
子牟曰：「孤犢未嘗有母，非孤犢也。」此言人之知識不可恃
之理。蓋人之所知，止於現在。世每自用，以為能知過去。

如孤犢今雖無母，然可推知其必嘗有母，此世人自以為能知既往之最確者也。然謂萬物必有父母，則最初之物，父母為誰？可知萬物必有父母之云，亦吾儕有涯之知，見以為確，其實未必然也。《墨經》曰：「或，[244] 過名也。」說曰：「知是之非此，有[245] 知是之不在此也。而以已為然。始也謂此南方，故今也謂此南方。」即此條之理。

（21）一尺之棰，日取其半，萬世不竭。此言計算之單位，為人所強立也。一尺之棰，今日取其五寸，明日又取其二寸半，孰能言分至某日，則無可再分乎？既不能言，則雖取之萬世，安有竭時？

《列子·仲尼》篇載公孫龍之說，又有三條，如左：

（A）有意不心。公子牟曰：「無意則心同。」蓋謂人之所謂心者，實合種種外緣而成，非心之本體也。今有甲焉，病而畏寒，見火而喜。又有乙焉，病而畏熱，見火而怒。甲之喜火，以其病寒。乙之惡火，以其病熱。假甲病熱，見火亦惡，使乙病寒，見火亦喜。然則追涼煬灶，皆非本心。凡百外緣，悉同此理。外緣去盡，本心則同。

（B）髮引千鈞。此說見《墨經》。《經》曰：「均之絕不，說在所均。」《說》曰：「均，發均。懸輕重而發絕，不均也。

---

[244]　同惑。
[245]　同又。

均，其絕也莫絕。」[246] 此可以物理學釋之。

（Ｃ）白馬非馬。此說見《公孫龍子》。其說曰：「馬者，所以命形也。白者，所以名色也。命色者，非命形也，故白馬非馬。」又《堅白論》曰：「視不得其所堅，而得其所白；拊不得其所白，而得其所堅。」蓋謂官體之感覺，本各獨立，一種觀念之成，皆以思想統一之而後然也。

名家之言，可考見者，大略如此。其傳書，《漢志》諸子十家中，為數即最少，蓋治其學者本少也。二千年以來，莫或措意，而皆詆為詭辯。其實細繹其旨，皆哲學通常之理，初無所謂詭辯也。然其受他家之詆斥則頗甚。《莊子》謂惠施「以反人為實，而欲以勝人為名」。桓團、公孫龍辯者之徒，「能勝人之口，而不能服人之心」。史談謂其「專決於名而失人情」。一言蔽之，則斥其與常識相違而已。孔穿之距公孫龍曰：「謂臧三耳甚難而實非也。謂臧兩耳甚易而實是也。不知君將從易而是者乎？將從難而非者乎？」此恆人排斥名家之見也。

第十章　墨家

　　當《春秋》之季，有一蒿目時艱，專以救世為志者，是
為墨子。墨家者流，《漢志》云：「蓋出於清廟之守。茅屋採
椽，是以貴儉；養三老五更，是以兼愛；選士大射，是以尚賢；
宗祀嚴父，是以右鬼；順四時而行，是以非命；以孝視天下，
是以尚同。」胡適之作《九流不出王官論》，於此數語，攻
擊最烈。此胡君未解《漢志》之說也。《淮南要略》云：「墨
子學儒者之業，受孔子之術，以為其禮煩擾而不說，厚葬靡
財而貧民，服傷生而害事，[247] 故背周道而用夏政。」此說最
精。清廟即明堂，見蔡邕《明堂月令論》。周之明堂，即唐
虞之五府，夏之世室，殷之重屋，乃祀五帝之所，為神教之
府。[248] 古代制度簡陋，更無宗廟、朝廷、學校、官府之別。
一切政令，悉出其中。讀惠氏棟《明堂大道錄》可見。古人
制禮，於邃初簡陋之制，恆留詒之以示後人。《記》曰：「禮

---

[247]　服上當奪久字。
[248]　《史記·五帝本紀》索隱引《尚書·帝命驗》。

也者，反本修古，不忘其初者也。醴酒之用，玄酒之尚，割刀之用，鸞刀之貴，筵簟之安，藁鞂之設。」[249] 漢武帝時，公玉帶上《明堂圖》，中有一殿，四面無壁，以茅蓋，[250] 即此所謂茅屋採椽。明堂建築，至後來已極壯麗，[251] 而猶存此簡陋之制，正是不忘其初之意。不忘其初，則所以示儉也。養老之禮，後世行諸學校。古辟雍清廟合一，故亦行諸清廟之中。選士本以助祭，[252] 其行諸清廟，更為義所當然。順四時而行，則《禮記・月令》、《呂覽・十二紀》、《淮南・時則訓》所述之制。農牧之世，人之生活，全賴天時。其時知識淺陋，以為日月之執行，寒暑之疊代，以及風雨霜露等，咸有神焉以司之，故其崇奉天神極篤。久之，遂謂人世一切，皆當聽命於天。《月令》等篇，條舉某時當行某政，非其時則不可行。苟能遵守其說，則政無不舉，而亦無非時興作之事，[253] 國事自可大治。《論語》：顏淵問為邦，孔子首告以行夏之時，精意實在於此，非但爭以建寅之月為歲首也。此誠便民要義，而古人之信守，則亦由於寅畏上天。觀《月令》等所載，行令有誤，則天降之異以示罰，其意可知。此等天神，皆有好惡喜怒，一與人同。若如其他諸子之說，所謂命

---

[249]　《禮器》。
[250]　《史記・封禪書》。
[251]　見《大戴禮記・明堂》篇。
[252]　見《禮記・射義》。
[253]　如農時興土功之類。

者，於己於人，皆屬前定；更無天神降鑑，以行其賞善罰惡之權，則明堂月令之說，為不可通矣。此墨子所以非之也。《禮運》：「子曰：我欲觀夏道，是故之杞，而不足徵也，吾得夏時焉。」所謂「夏時」者，鄭《注》以《夏小正》之屬當之，而亦不能質言。竊意《月令》等書所述，正其遺制也。嚴父配天，事始於禹。見《禮記·祭法》。鬼者人鬼，故曰右鬼。古諸侯多天子之支庶；虔奉大君，不啻只事宗子；而敬宗之義，原於尊祖，故曰「以孝示天下，是以尚同」也。《呂覽·當染》篇曰：「魯惠公使宰讓請郊廟之禮於天子。桓王使史角往，惠公止之，其後在魯，墨子學焉。」此墨學出於清廟之守之誠證。《漢志》墨家，首列《尹佚》二篇。尹佚即史佚。王居明堂之禮，前巫後史。[254] 故清廟之禮，唯史氏為能識之。墨學之出於史角，與墨家之首列尹佚，二事正可互證也。《莊子·天下》篇言墨子稱道禹，「使後世之墨者，多以裘褐為衣，以跂蹻為服，日夜不休，以自苦為極，曰：不能如此，非禹之道也，不足為墨。」今《公孟》篇載墨子之辭曰：「子法周而未法夏也。」此為莊子之言之誠證。《論語》：「子曰：禹，吾無間然矣。菲飲食，而致孝乎鬼神；惡衣服，而致美乎黻冕；卑宮室，而盡力乎溝洫。」致孝鬼神，致美黻冕，乃《漢志》宗祀嚴父之說；卑宮室，則茅屋採椽之謂

---

[254]　《禮記·禮運》。

也。《節葬》篇載墨子所制葬法與禹同，又《淮南》用夏政
之註腳。此類尚多，孫星衍《墨子注後序》，可以參看。知
《漢志》及《淮南》之言皆確不可易矣。

又《墨子·非樂》篇云：「啟乃淫溢康樂，野於飲食。
將將銘筧磬以力。湛濁於酒，渝食於野，萬舞翼翼。章聞於
天，天用勿式。」其辭不盡可解。然謂夏之亡，由啟之荒於
樂，則大略可見。《離騷》：「啟九辯與九歌兮，夏康娛以自
縱。不顧難以圖後兮，五子用失乎家巷。」說正相合。后羿
篡夏，《史記》不言其由。《偽古文尚書》謂由太康好敗，乃
移羿之惡德，以植諸夏，殊不足信。觀《墨子》、《楚辭》，
則知夏祚中絕，實由嘉音沉湎。蓋後世遂懸為鑑戒，墨子之
非樂，亦有由來矣。

墨出於儒，亦有佐證。《墨子》書中，與儒家相詰難者，
為《非儒》、《公孟》兩篇。《耕柱》亦間見其說。而《修
身》、《親士》、《所染》三篇，實為儒家言。[255] 因有疑其非
《墨子》書者。案墨子之非儒，僅以與其宗旨不同者為限。
《非儒》上篇已亡。合下篇及《耕柱》、《公孟》觀之。其所
非者為儒家之喪服及喪禮，以其違節葬之旨也。非其娶妻親
迎，以其尊妻俾於父，違尚同之義也。非其執有命，以申非

---

[255] 《修身》、《親士》，與《大戴禮記·曾子立事》相表裡。《所染》與《呂覽·
當染》略同。

命之說也。非其貪飲食，惰作務，以明貴儉之義也。非其循而不作，以與背周用夏之旨不合也。非其勝不逐奔，揜函勿射，以其異於非攻之論也。非其徒古其服及言；非其君子若鍾，擊之則鳴，勿擊不鳴，以其無強聒不捨之風，背於貴義之旨也。此外詆訾孔子之詞，多涉誣妄，則古書皆輕事重言，不容泥其事蹟立論。又墨之非儒，謂其學累世莫殫，窮年莫究。然《貴義》篇謂：「子墨子南遊使衛，載書甚多。弦唐子見而怪之，曰：夫子教公尚過曰：揣曲直而已。今夫子載書甚多，何也？子墨子曰：翟聞之，同歸之物，信有誤者，是以書多也。今若過之心者，數逆於精微，同歸之物，既已知其要矣，是以不教以書也。」然則墨子之非讀書，亦非夫讀之而不知其要；又謂已知其要者，不必更讀耳。非謂凡人皆不當讀書也。其三表之法，上本之古聖王，實與儒家之則古昔稱先王相近，而其書引《詩》、《書》之辭亦特多。《淮南・主術》云：「孔、墨皆修先聖之術，通《六藝》之論」，說蓋不誣。《修身》、《親士》、《所染》三篇，固不得謂非墨子書矣。

墨子宗旨，全書一貫。兼愛為其根本。《天志》、《明鬼》，所以歆懼世人，使之兼相愛，交相利也。不利於民者，莫如兵爭及奢侈，故言《兼愛》，必講《非攻》、《守禦》之術，正所以戢攻伐之心。而《節用》、《節葬》及《非

樂》，則皆所以戒侈也。《非命》所以伸《天志》，說已具前。
《尚同》者，封建之世，禮樂征伐，自天子出，則諸侯咸有所
忌，而生民可以小康。自諸侯出，已不免連摟相伐。自大夫
出，陪臣執國命，則不可一日居矣。故墨家之尚同，正猶儒
家之尊君，皆當時維持秩序，不得不然之勢。或訾其鄰於專
制，則彼固主選天下之賢可者而立之矣。故《尚賢》之說，
與《尚同》相表裡，而《尚同》以天為極，則又與《天志》
相貫通也。唯《經》、《經說》、《大取》、《小取》六篇，多言
名學及自然科學。在當日，實為高深學術，距應用頗遠，與
墨子救世之旨不符。蓋古清廟明堂合一，明堂為神教之府。
教中尊宿，衣食饒足；又不親政事，專務遐思，遂有此高深
玄遠之學。史角明乎郊廟之禮，蓋曾習聞其說而世守之。而
其後人又以授墨子。此雖非救世所急，然既與聞其說，亦即
傳習其辭。正如墨子非儒，而《修身》、《親士》、《所染》等
儒家言，未嘗不存其書中也。然則辯學由墨子而傳，而其學
實非墨子所重。今之治諸子學者，顧以此稱頌墨子，則非墨
子之志矣。諸篇雖講論理，仍有發明兼愛之辭。[256] 孔子言夏
人尚忠，《墨經》實其一證。而墨子之用夏道，更不足疑矣。

　　欲知墨子之說，必先明於當日社會情形，不能執後人之
見，以議古人也。古者風氣敦樸，君民之侈儉，相去初不甚

---

[256]　見上章。

遠。而公產之制，崩潰未盡，生產消費，尤必合全社會而通
籌。《王制》：塚宰制國用，必以三十年之通。雖天子，亦
必凶旱水溢，民無菜色，然後可日舉以樂。[257]《曲禮》曰：
「歲凶，年穀不登，君膳不祭肺，馬不食穀，馳道不除，祭
祀不縣，大夫不食粱，士飲酒不樂。」凶歲如此，況於民之
飢，不由於歲，而由於在上者之橫徵暴斂，役其力而奪其時
乎？「朱門酒肉臭，路有凍死骨」，後世之人，習焉則不以
為異，墨子之時，人心不如是也。古者地廣人稀，百里七十
里五十里之國，星羅棋布於大陸之上，其間空地蓋甚多，故
其兵爭不烈。疆場之役，一彼一此，不過如今村邑之交鬨。
傾國遠鬥，如楚陽橋、吳艾陵之役者，已為罕聞；長平之阬，
西陵之焚，不必論矣。席捲六合，罷侯置守，非墨子時所能
夢想。欲求少澹干戈之禍，唯望率土地而食人肉者，稍念正
義而惜民命而已。此如今之唱限制軍備，立非戰公約者，孰
不知其非徹底之論？然捨此，旦夕可行者，更有何法？豈得
詆唱此等議者，為皆迂腐之談乎？故執後世之事，或究極之
理，以議墨子者，皆不中情實者也。

　　墨家上說下教，所接者，非荒淫之貴族，即顓蒙之氓
庶。非如鄒魯學士之談，稷下儒生之論，可以抗懷高義也。
故其持義，恆較他家為低，先秦諸家，言天言鬼神，皆近

---

[257]　此可見墨子之《非樂》不足怪。

泛神論、無神論。墨子所謂天，所謂鬼，則皆有喜怒欲惡如人，幾於愚夫愚婦所奉，無論矣。兼愛之義，儒家非不之知。孔子曰：「道二，仁與不仁而已矣。」[258] 又言大同之世，「人不獨親其親，不獨子其子」。此與《墨子》所謂「周愛人然後為愛人」[259] 者何異？[260] 然愛之道雖無差別，而其行之則不能無差等。故曰：「仁者人也，親親為大。義者宜也，尊賢為大。親親之殺，尊賢之等，禮所生也。」[261] 若其毫無等差，試問從何行起。又孟子曰：「春秋無義戰，彼善於此，則有之矣。」義兵二字，蓋儒家論兵宗旨。《呂覽》中《孟秋》、《仲秋》、《季秋》三紀，皆論用兵。開宗明義即曰：「古聖王有義兵而無偃兵。」其下文又曰：「兵苟義，攻伐亦可，救守亦可。兵不義，攻伐不可，救守不可。」蓋儒家駁墨家之說也。夫兵不論其義不義，而但論其為攻為守，此本最粗淺之說。果以是為是非之準，彼狡者，何難陰致人之攻，既居守義之名，又有得利之實邪？且世之治，不治於其治之日，而必有其由始。世之亂，亦不亂於其亂之日，而必有其所由兆。戰爭者，人類平時積種種之罪惡，而一旦破

---

[258] 《孟子·離婁上》。

[259] 《小取》。

[260] 孟子曰：「殺人之父者，人亦殺其父；殺人之兄者，人亦殺其兄；然則非自殺之也，一間耳。」亦與《兼愛下》篇：「吾不識孝子之為親度者，亦欲人愛利其親與？意欲人之惡賊其親與？以說觀之，即欲人之愛利其親也。然則吾惡先從事即得此？」同意。

[261] 《中庸》。

裂焉者也。其事固甚慘酷,然不務去戰爭之原,而特求弭戰爭之事,不可得也。即能弭之,其為禍為福,亦正未易言。何則?既已造種種惡孽矣,不摧陷廓清之,終不可以望治;欲摧陷而廓清之,則兵終不能去也。《呂覽》曰:兵,「若水火然,善用之則為福,不善用之則為禍。若用藥者然,得良藥則活人,得惡藥則殺人。義兵之為天下良藥也亦大矣。」又曰:「當今之世,濁甚矣;黔首之苦,不可以加矣。天子既絕,賢者廢伏;世主恣行,與民相離。黔首無所告愬。凡為天下之民長也,慮莫如長有道而息無道,賞有義而罰不義。今之學者,多非乎攻伐,而取救守,則長有道而息無道,賞有義而罰不義之術不行矣。」其說實較墨子為圓足也。然墨子非不知此也。墨者夷之以為「愛無差等,施由親始」。[262]此與儒家「親親而仁民,仁民而愛物」之說何異?《非攻下》篇,或以禹徵有苗,湯伐桀,武王伐紂難墨子。墨子以「彼非所謂攻謂誅」答之。夫攻之與誅,所異者則義不義耳。墨子又曰:「今若有能信效先利天下諸侯者:[263]人勞我逸,則我甲兵強。寬以惠,緩易急,民不移,易攻伐以治中國,攻必倍。量我師舉之費,以爭諸侯之斃,則必可得而序利焉。督以正,義其名,必務寬吾眾,信吾師,以此授諸侯之師,

---

[262]　《孟子·滕文公上》。
[263]　孫氏曰:「效讀為交。」

則天下無敵也。」則並以非攻為勝敵之策矣。然則墨子之論，特取救一時之弊，並非究極之談。語其根本思想，與儒家實不相遠。此亦墨出於儒之一證也。

儒家言兵，恆推其原於心。墨子則但就物質立論。其非攻之說，即較計於利不利之間。謂計其所得，反不如所喪之多。宋牼欲說罷秦、楚之兵，而曰：「我將言其不利」，亦是物也。[264] 兵爭之事，看似出於權利爭奪之慾，實亦由於權力執著之私。試觀訟者，往往傾千金之產，以爭錙銖之物可知。古代之用兵，不如後世之審慎；國事又多決於少數人，其易動於一時之意氣，尤不待言也。《史記・律書》曰：「自含血戴角之獸，見犯則校，而況於人懷好惡喜怒之氣？喜則愛心生，怒則毒螫加，情性之理也。」[265]《呂覽》曰：「兵之所自來者遠矣，未嘗少選不用，貴賤長少賢者不肖相與同，有巨有微而已矣。察兵之微，在心而未發，兵也；疾視，兵也；作色，兵也；傲言，兵也；援推，兵也；連反，兵也；侈鬥，兵也；三軍攻戰，兵也。此八者皆兵也，微巨之爭也。今世之以偃兵疾說者，終身用兵而不自知悖。」其說精矣。儒家之化民，重禮尤重樂，蓋由此也。然兵爭之事，固由一二人發蹤指示，亦必多數人踴躍樂從。發蹤指示之人，庸

---

[264]　《孟子・告子下》。
[265]　此數語亦見《淮南・兵略訓》。淮南此篇，亦儒家言也。

或激於意氣；踴躍樂從之士，則必利其俘獲之心為多。又況發蹤指示者，究亦多動於爭城爭地之慾也？故以救世而論，則墨子之言，尤切於事情也。

　　尚儉之說，諸家之攻擊墨子者，尤多不中理。非諸家之言之無理，乃皆昧於墨子之意也。《莊子・天下》篇論墨子曰：「其生也勤，其死也薄，其道大觳。使人憂，使人悲，其行難為也……反天下之心，天下不堪。墨子雖獨能任，奈天下何？」夫墨子非謂民皆豐衣足食，猶當守此勤生薄死之法也，若其途有餓莩，而猶縱狗彘以食人食，返諸人之相人偶之心，其堪之乎？《荀子・富國》篇駁墨子曰：「夫不足非天下之公患也。特墨子之私憂過計也。今是土之生五穀也，人善治之，則畝數盆，一歲而再獲[266]之。然後瓜桃棗李一本數以盆鼓。然後葷菜百疏[267]以澤量。然後六畜禽獸一而剸車。黿、鼉、魚、鱉、鰍、鱣以時別，一而成群。然後，飛鳥鳧雁若煙海，然後昆蟲萬物生其間，可以相食養者不可勝數也。夫天地之生萬物也固有餘，足以食人矣；麻葛繭絲鳥獸之羽毛齒革也固有餘，足以衣人矣。夫有餘不足，非天下之公患也，特墨子之私憂過計也。天下之公患，亂傷之也。……墨子大有天下，小有一國：將蹙然衣粗食惡，憂

---

[266]　同穫。
[267]　同蔬。

戚而非樂。若是則瘠。瘠則不足欲。不足欲則賞不行。……
將少人徒，省官職，上功勞苦，與百姓均事業，齊功勞。若
是則不威。不威則罰不行。賞不行，則賢者不可得而進也；
罰不行，則不肖者不可得而退也；賢者不可得而進也，不
肖者不可得而退也，則能不能不可得而官也。若是則萬物
失宜，事變失應；上失天時，下失地利，中失人和，天下
敖然，若燒若焦。墨子雖為之衣褐帶索，嚼菽飲水，惡能
足之乎？……故墨術誠行，則天下尚儉而彌貧，非鬥而日
爭，勞苦頓萃而愈無功，愀然憂戚非樂而日不和。」其言甚
辯。然亦思天下之亂，果衣粗食惡，憂戚非樂者致之乎？抑
亦名為利民，而所冀實在乎賞，所畏唯在乎罰者致之也？狃
於小康之治者，恆謂必得一賢君以治群有司，得群良有司以
牧民，然後可幾於治；任兼人之事者，理宜享兼人之奉，故
或祿以天下而不為多。殊不知身任天下之責者，皆由其度量
之超越乎尋常，初不蘄於得報。苟無其人，即倍蓰天下之祿
以求之，猶是不可得也。若尋常人，則其做官，亦猶之農之
耕田，工之治器，商之貿遷，求以自食焉而已。既為求食而
至，公私利害相反，勢必先私而後公。此言治所以不能廢督
責。然而督責人者，亦非人群外之天神，而群中之人也。人
之度量，相去固不甚遠。未嘗能任天下之事，而先祿之天
下，適以蠱惑頹喪其心志，使之據其位而不肯去；而其利害，

浸至與民相反耳。小康之治，終非了義，職此之由。荀子之論，徒見其以病理為生理而已。

墨子，《史記》無傳。僅於《孟荀列傳》後附見數語。曰：「蓋墨翟，宋之大夫，善守禦，為節用。或曰並孔子時，或曰在其後。」《孟荀列傳》，文甚錯亂。此數語究為史公原文與否，頗為可疑。高誘謂墨子魯人。此外說者或以為宋人，亦難定。以其學出於儒觀之，其生當後於孔子。[268] 其身即非魯人，其學則必與魯大有關係也。孫詒讓《墨子傳略》，考墨子行事頗詳，今不更及。

墨家鉅子，當首推禽滑釐。故《莊子·天下》篇，以之與墨翟並稱。次則當推宋鈃。《天下》篇以之與尹文並稱。尹文事已見前章。宋鈃之事，見《孟子·告子》及《荀子》中《天論》、《正論》二篇。《正論》篇謂其「明見侮之不辱，使人不鬥。」又曰：「子宋子曰：人之情慾寡，而皆以己之情為欲多，是過也。故率其群徒，辨其談說，明其譬稱，將使人知情慾之寡也。」《天論》篇謂：「宋子有見於少，無見於多。」其說實最堪注意。世之言生計學者，每以好奢為人之本性。其實侈與儉皆非人之所欲。人之本性，唯在得中。奢侈之念，亦社會之病態有以致之耳。宋子之義明，則墨者之

---

[268]　學孔子之術，不必及孔子之門。孔子未嘗稱墨子，而墨子屢稱孔子，即其後於孔子之證。

道，「反天下之心」之難解矣。而惜乎其無傳也。

　　孟子謂「楊朱、墨翟之言盈天下」，又謂「逃墨必歸於楊，逃楊必歸於儒」，則墨學在戰國時極盛。然其後闃焉無聞。則墨之徒黨為俠，多「以武犯禁」，為時主之所忌。又勤生薄死，兼愛天下，非多數人所能行。鉅子死而遺教衰，其黨徒，乃漸復於其為游俠之舊。高者不過能「不愛其軀，以赴士之阨困」，而不必盡「軌於正義」，下者則並不免「為盜蹠之居民間」者矣。[269] 創一說立一教者，其意皆欲以移易天下。社會中人，亦必有若干受其感化。然教徒雖能感化社會，社會亦能感化教徒。墨學中絕，即由於此。

---

[269]　以上皆引《史記·游俠列傳》。

第十一章　縱橫家

　　縱橫家者流,《漢志》云:「蓋出於行人之官。」孔子曰:
誦《詩》三百,「使於四方,不能專對,雖多,亦奚以為?」
又曰:「使乎使乎。言其當權事制宜,受命而不受辭,此其
所長也。及邪人為之,則上詐諼而棄其信。」蓋古者外交,
使人之責任甚重,後遂寖成一種學問。此學蓋至戰國而後大
成。《漢志》所謂邪人為之者,正其學成立之時也。

　　縱橫家之書,今所傳者唯《戰國策》。此書多記縱橫家
行事,而非事實。《漢志》入之《春秋家》,後世書目,遂多
以隸史部,非也。《漢書‧蒯通傳》:「論戰國時說士權變,
亦自序其說,凡八十一首,號曰《雋永》。」而《志》有《蒯
子》五篇,即本傳所謂《雋永》者矣。《戰國策》一書,正論
說士權變,並序其說者也。然此書止於備載行事,於縱橫家
之學理,未曾道及。縱橫家之學理,轉散見於諸子書中。而
莫備於韓非之《說難》。今觀其說曰:「凡說之難:非吾知之

有以說之之難也，又非吾辯之能明吾意之難也，又非吾敢橫失而能盡之難也。凡說之難：在知所說之心，可以吾說當之。所說出於為名高者也，而說之以厚利，則見下節而遇卑賤，必棄遠矣。所說出於厚利者也，而說之以名高，則見無心而遠事情，必不收矣。所說陰為厚利而顯為名高者也，而說之以名高，則陽收其身而實疏之；說之以厚利，則陰用其言，顯棄其身矣」云云。全篇所論，皆揣摩人君心理之術。蓋縱橫家所言之理，亦夫人之所知，唯言之之術，則為縱橫家之所獨耳。[270]

《戰國策》載蘇子說秦，不用而歸。妻不下機，嫂不為炊，父母不與言。乃發憤讀書。期年，復說趙王，為縱約長。路過洛陽。父母聞之，清宮除道，郊迎三十里。妻側目而視，側耳而聽。嫂蛇行匍匐，四拜自跪而謝。秦乃喟然曰：「貧窮則父母不子，富貴則親戚畏懼。人生世上，勢位富厚，蓋可以忽乎哉？」世人讀此，因謂當時縱橫之士，皆自謀富貴之徒。此亦不然。縱橫家固多自便私圖，而以人之家國殉之者。然此等人，各種學術中，皆所難免。儒家豈無曲學阿世者乎？要不得以此並沒真儒也。縱橫家亦然。《說難》篇曰：「伊尹為宰，百里奚為虜，皆所以幹其上也。此二人者，皆聖人也，然猶不能無役身以進，如此其汙也。今以

吾言為宰虜，而可以聽用而振世，此非能仕[271]之所恥也。」
其救世之心，昭然若揭矣。《孟子·滕文公》篇：「陳代曰：
不見諸侯，宜若小然。今一見之，大則以王，小則以霸。且
《志》曰：枉尺而直尋，宜若可為也。」亦此意也。《呂覽·
愛類》篇曰：「賢人之不遠海內之路，而時往來乎王公之朝，
非以要利也，以民為務故也。人主有能以民為務者，則天下
歸之矣。」此其用心，亦即孔子周流列國之心也。《盡心》篇
載孟子之言曰：「說大人，則藐之，勿視其巍巍然。」則孟子
亦講說術矣。凡成為一種學術，未有以自利為心者；以自利
為心，必不能成學術也。

　　《史記·蘇秦列傳》：「東事師於齊，而習之於鬼谷先生。」
《集解》引《風俗通》曰：「鬼谷先生，六國時縱橫家。」《法
言》曰：「蘇秦學乎鬼谷術。」《論衡》曰：「《傳》曰：蘇
秦、張儀縱橫，習之鬼谷先生。掘地為坑，曰：下，說令我
泣出。則耐分人君之地。蘇秦下，說鬼谷先生泣下沾襟。張
儀不若。」[272]說雖不經，而鬼谷先生為戰國時縱橫家大師，
為儀、秦之術所自出，則無可疑矣。今世所傳，有《鬼谷
子》十二篇。《漢志》不載。《隋志》著錄三卷，有皇甫謐、

[271]　據《索隱》，當作士。
[272]　《答佞》篇。又《明雩》篇亦曰：「蘇秦張儀，悲說坑中，鬼谷先生，泣下沾
　　　襟。」

158

樂一二注。[273]《史記·秦傳》云:「得周書《陰符》,伏而讀之。期年,以出揣摩。」《集解》曰:「《鬼谷子》有《揣摩》篇。」《索隱》引王劭云:「揣情、摩意,是《鬼谷》之二章名,非為一篇也。」又《漢書·杜周傳》:「業因勢而抵陒。」《注》引服虔曰:「抵音底,陒音戲,謂罪敗而復抨彈之。蘇秦書有此法。」師古曰:「一說:陒讀與戲同。《鬼谷》有《抵戲》篇。」論者因謂今《鬼谷子》即《漢志·蘇子》三十一篇之殘。然今書詞意淺薄,決非古物。且《說苑》、《史記注》、《文選注》、《意林》、《太平御覽》所引《鬼谷子》,或不見今書,或雖有之,而又相差異,[274] 則並非《隋志》著錄之本矣。即《隋志》著錄之本,亦偽物也。據《史記》、《風俗通》、《法言》、《論衡》諸書,鬼谷先生明有其人。而《索隱》引樂臺注謂「蘇秦欲神祕其道,故假名鬼谷」,則以秦習業鬼谷為無其事,其不合一矣。古稱某先生或某子者,多冠以氏,鮮冠以地者。而《集解》引徐廣謂「潁川陽城有鬼谷,蓋是其人所居,因為號。」《索隱》又謂「扶風池陽、潁川陽城,並有鬼谷墟。」扶風、潁川,並非齊地。蓋以東事師於齊與習之鬼谷先生為兩事。《史記》之意,恐不如此。其不合二矣。然則《隋志》所錄,已為偽物;今本則又偽中之

---

[273]　《意林》、王應麟《漢志考證》皆作樂臺。
[274]　見秦刻本附錄。

偽耳。《隋志》著錄之本,既有皇甫謐注,必出於晉以前。雖為偽書,要必多存古說。《史記·太史公自序》:「聖人不朽,時變是守」,《索隱》謂其語出《鬼谷》,蓋正造《鬼谷》者採摭《史記》也。可以見其一斑。

第十二章　兵家

　　兵家之書,《漢志》分為權謀、形勢、陰陽、技巧四家。陰陽、技巧之書,今已盡亡。權謀、形勢之書,亦所存無幾。大約兵陰陽家言,當有關天時,亦必涉迷信。兵技巧家言,最切實用。然今古異宜,故不傳於後。兵形勢之言,亦今古不同,唯其理多相通,故其存者,仍多後人所能解。至兵權謀,則專論用兵之理,幾無今古之異。兵家言之可考見古代學術思想者,斷推此家矣。

　　《漢志》有《吳孫子兵法》八十二篇,《齊孫子》八十九篇。今所傳者,乃《吳孫子》也。《史記‧孫武傳》云:「以兵法見於吳王闔閭。闔閭曰:子之十三篇,吾盡觀之矣。」又謂:「世俗所稱師旅,皆道《孫子》十三篇。」則今所傳十三篇,實為原書。《漢志》八十二篇,轉出後入附益也。此書十之七八,皆論用兵之理,極精。

　　《史記》曰：「吳起《兵法》世多有。」《韓非子·五蠹》篇曰：「藏孫、吳之書者家有之。」則二家之書，在當時實相伯仲。《漢志》有《吳起》四十八篇，今僅存六篇。其書持論近正，而精義甚少。且皆另碎不成片段。蓋原書已亡，而為後人所綴拾也。又《軍禮司馬法》百五十五篇。《漢志》出之兵家，入之於禮。此書太史公盛稱之。《司馬穰苴列傳》曰：「齊威王使大夫追論古者《司馬兵法》而附穰苴於其中，因號曰《司馬穰苴兵法》。」明二家兵法，當以司馬為主。太史公曰：「餘讀《司馬兵法》，閎廓深遠，雖三代征伐，未能竟其義，如其文也，亦少襃矣。若夫《穰苴》，區區為小國行師，何暇及《司馬兵法》之揖讓乎？」亦襃司馬而貶穰苴也。今聽傳者五篇。精義亦少。蓋亦後人掇拾佚文，加以聯綴者也。[275]

　　《漢志》：雜家，《尉繚》二十九篇；兵家，《尉繚》三十一篇。今《尉繚子》二十四篇，皆兵家言，蓋兵家之《尉繚》也。二十四篇中，有若干篇似有他篇簡錯，析出，或可得三十一篇邪？又今本《六韜》，凡五十篇。題「周呂望撰」。世多以為偽書。然標題撰人，原屬後人之謬。至著書託之古人，則先秦諸子皆然。《史記》所謂「後世之言兵，及

---

[275]　昔人輯佚之書，往往不注出處；又或以己意為之聯綴。後人遂疑為偽書。其實書不盡偽，特輯佚之法未善而已。

周之陰權，皆宗太公為本謀」也。[276]《漢志》：道家，《太公》二百三十七篇。中有兵八十五篇。疑今之《六韜》，必在此八十五篇中矣。《六韜》及《尉繚子》，皆多存古制，必非後人所能偽為。[277] 唯言用兵之理者較少耳。[278]

　　兵家之言，與道法二家，最為相近。孫子曰：「行千里而不勞者，行於無人之地也。攻而必取者，攻其所不守也。守而必固者。守其所不攻也。」又曰：「夫兵形象水，水之形，避高而趨下；兵之形，避實而擊虛。水因地而制流，兵因敵而致勝。故兵無常勢，水無常形。」[279] 此道家因任自然之旨也。又曰：「百戰百勝，非善之善者也，不戰而屈人之兵，善之善者也。」[280] 又曰：「昔之善戰者，先為不可勝，以待敵之可勝。不可勝在己，可勝在敵。故善戰者，能為不可勝，不能使敵之必可勝。故曰：勝可知而不可為。……故善戰者之勝也，無智名，無勇功。故其戰勝不忒。不忒者，其所措勝；勝已敗者也。故善戰者，立於不敗之地，而不失

[276]　《齊世家》。
[277]　如《陰符》篇曰：「主與將有陰符，凡八等。所以陰通言語，不洩中外。」正可考見古制。乃《四庫提要》謂「偽撰者不知陰符之義，誤以為符節之符，遂粉飾以為此言。」然則此篇之外，又有《陰書》，又緣何而偽撰邪？
[278]　兵家言原理之書，存於諸子書中者，有《荀子》之《議兵》篇；《呂氏春秋》之《孟秋》、《仲秋》、《季秋》三紀；及《淮南子》之《兵略訓》。其持論之精，皆足與孫子相匹敵。又墨子書《備城門》以下十一篇，亦兵技巧家言之僅存者。
[279]　《虛實》篇。
[280]　《謀攻》篇。

敵之敗也。」[281] 此道家守約之說也。又曰：「兵聞拙速，未
睹巧之久也。」[282] 又曰：「後人發，先人至。」[283] 又曰：
「善戰者致人而不致於人。」[284] 此道家以靜制動之術也。又
曰：「善出奇者，無窮如天地，不竭如江河。終而復始，日
月是也。死而復生，四時是也。聲不過五，五聲之變，不可
勝聽也。色不過五，五色之變，不可勝觀也。味不過五，五
味之變，不可勝嘗也。戰勢不過奇正，奇正之變，不可勝窮
也。」[285] 又曰：「善攻者敵不知其所守，善守者敵不知其所
攻。微乎微乎！至於無形。神乎神乎！至於無聲，故能為敵
之司命。」[286] 此則將至變之術，納之至簡之道；又自處於至
虛之地，尤與道家之旨合矣。

　　至其用諸實際，必準諸天然之原理，亦與名法家言合。
故曰：「善用兵者，修道而保法，故能為勝敗之政。兵法：
一曰度，二曰量，三曰數，四曰稱，五曰勝。地生度，度生
量，量生數，數生稱，稱生勝。」[287] 「凡治眾如治寡，分數
是也。鬥眾如鬥寡，形名是也。」[288] 皆名法家先審天然之條

---

[281]　《軍形》篇。
[282]　《作戰》篇。
[283]　《軍爭》篇。
[284]　《虛實》篇。
[285]　《兵勢》篇。
[286]　《虛實》篇。
[287]　《軍形》篇。
[288]　《兵勢》篇。

理，立法而謹守之之意。而以整齊嚴肅之法，部勒其人而用
之，如所謂「金鼓旌旗者，所以一人之耳目也。人既專一，
則通者不得獨進，怯者不得獨退」者，[289] 尚其淺焉者已。

　　古有所謂仁義之師者，非盡虛語也。蓋系虜之多，殘殺
之酷，攘奪之烈，皆後世始然。此等皆社會之病態有以致
之。社會病態，亦積漸而致，非一朝一夕之故也。古所謂大
同小康之世，國內皆較安和。講信修睦之風，亦未盡廢墜。
偶或不諒，至於兵爭，必無流血成渠，所過為墟之慘矣。即
弔民伐罪，亦理所可有。後世土司，暴虐過甚，或兵爭不
息，政府固常易置其酋長，或代以流官也。其行軍用師，誠
不能如古所謂仁義之師者之純粹；然議論總較事實稍過，
太史公所為嘆《司馬法》閎廓深遠，雖三代征伐，未能竟其
義，如其文者也。然則設使社會內部，更較古所謂三代者為
安和，則其用兵，亦必能較古所謂三代者為更合乎仁義。不
得執社會之病態，為人性之本然，而疑其康健時之情形為誇
誕之辭也。義兵之說，《呂覽》而外，[290] 又見孟、荀二子。
荀子曰：「孫吳上勢利而貴變詐。暴亂昏嫚之國，君臣有間，
上下離心，故可詐也。仁人在上，為下所仰；猶子弟之衛父
兄，手足之扞頭目。鄰國望我，歡若親戚，芬若椒蘭。顧視

[289]　《軍爭》篇。
[290]　見第五章。《淮南·兵略》，略同《呂覽》。

其上，猶焚灼仇讎。人情豈肯為其所惡，攻其所好哉？故以
桀攻桀，猶有巧拙。以桀詐堯，若卵投石，夫何幸之有？[291]
此則致勝之術，初不在抗兵相加之時，而其用兵之意，亦全
不在於為利，可謂倜乎遠矣。

---

[291] 見《議兵》篇。

第十三章　農家

　　農家之學，分為二派：一言種樹之事。如《管子・地員》，《呂覽》之《任地》、《辨土》、《審時》諸篇是也。一則關涉政治。《漢志》曰：「農家者流，蓋出於農稷之官。播百穀，勸耕桑，以足衣食。故八政一曰食，二曰貨。孔子曰：所重民食。此其所長也。及鄙者為之，以為無所事聖王，欲使君臣並耕，悖上下之序。」君臣並耕，乃《孟子》所載。為神農之言者，許行之說。神農二字，乃農業之義，非指有天下之炎帝其人。「為神農之言」，猶言治農家之學耳。《漢志》著錄，首《神農》二十篇。注曰：「六國時，諸子疾時怠於農業，道耕農事，託之神農。」今《管子・揆度》篇，實引《神農之教》。《揆度》為《管子・輕重》之一。《輕重》諸篇，有及越梁事者，正六國時書。則《輕重》諸篇，皆農家言也。又有《宰氏》十七篇。注曰：「不知何世。」案《史記・貨殖列傳集解》引《範子》曰：「計然者，葵丘濮上人。姓辛

氏，字文子。」而《元和姓纂》十五，海宰氏下引《范蠡傳》曰：「陶朱公師計然，姓宰氏，字文子，葵丘濮上人」，近人謂據此則唐人所見《集解》，辛氏本作宰氏。案宰氏果即計然，劉班無緣不知。或後人正因《漢志》之書，附會計然之姓。然必計然事蹟學說，本與農家有關乃啟後人附會之端。則《史記‧貨殖列傳》所載生計學說，又多農家言矣。

蓋交易之行，本在農業肇興之世。農業社會，雖一切多能自給，而分工稍密，交易已不能無。又其時交易，率由農民兼營，尚未成為專業，故食貨兩字，古人往往連言。至東周而後，商業日盛，「谷不足而貨有餘」，[292] 附庸已蔚為大國，而農商二業，猶視為一家之學也。

《管子‧輕重》諸篇，所言不外三事：（一）制民之產，（二）鹽鐵山澤，（三）蓄藏斂散。制民之產，為農業社會制治之原。然東周以後之政治，有不能以此盡者。蓋人民生活程度日高，社會分工合作益密，則日常生活，有待於交易者日多，而兼併因之而起。兼併之大者，一由山澤之地，漸為私家所占。二則工官之職，漸歸私家所營。三則「歲有凶穰，故谷有貴賤；令有緩急，故物有輕重。」於是「蓄賈遊於市，乘民之急，百倍其本」，遂使「知者有十倍人之功，

---

[292] 《漢書‧貨殖列傳》語。

愚者有不虞本之事」矣。[293] 土地任人私占；一切事業，皆任人私營；交易贏絀，亦聽其自然，官不過問。此在後世，習以為常。在古代則視為反常之事。故言社會生計者，欲將鹽鐵等業，收歸官營，人民之借貸，由官主之，物價之輕重，亦由官制之也。此為農家言之本義。以此富國而傾敵，則其副作用耳。漢世深通此術者為桑弘羊，讀《鹽鐵論》可知。惜其持論雖高，及其行之，則僅為籌款之策。王莽六筦及司市泉府，所行亦此派學說。惜乎亦未有以善其後也。

　　此派學說，必深觀百物之盈虛訊息，故用其術亦可以富家。《史記·貨殖列傳》所載計然、范蠡、白圭之徒是也。計然之說曰：「知鬥則修備，時用則知物。二者形，則萬貨之情，可得而觀已。」此蓋深觀市情，以求制馭之之術。其觀察所得，為「貴上極則反賤，賤下極則反貴。」故白圭「樂觀時變」，「人棄我取，人取我予」也。其行之之術，重於「擇人而任時」。故「薄飲食，忍嗜慾，節衣服，與用事僮僕同苦樂。趨時若鷙鳥猛獸之發。」白圭又曰：「吾治生產，猶伊尹、呂尚之謀，孫吳用兵，商鞅行法是也。是故其智不足與權變，勇不足以決斷，仁不能以取予，強不能有所守，雖欲學吾術，終不告之矣。」其術則可謂善矣。然徒以之富家，終非治道術者之本意也。

[293]　《管子·國蓄》。

輕重一派，深知社會生計之進化，出於自然，無可違逆。《史記·貨殖列傳》曰：「老子曰：郅治之極，鄰國相望，雞狗之聲相聞，民各甘其食，美其服，安其俗，樂其業，至老死不相往來。必用此為務，輓近世塗民耳目，則幾無行矣。太史公曰：夫神農以前，吾不知已。至若《詩》、《書》所述虞、夏以來，耳目欲極聲色之好，口欲窮芻豢之味，身安逸樂，而心誇矜勢能之榮。使俗之漸民久矣，雖戶說以眇論，終不能化。故善者因之，其次利道之，其次教誨之，其次整齊之，最下者與之爭。」此極言日趨繁盛之社會，斷不能以人力挽之，使返於榛狉之世也。社會改革，當從組織加之意。至於生利之術之進步，人民對天然知識之增加，暨其享用之饒足，與風氣之薄惡，了不相干。惡末世之澆漓，遂欲舉一切物質文明，悉加諆棄，正醫家所謂誅伐無過；不徒事不可行，本亦藥不對證也。此義論道家時已詳言之。觀《史記》之言，則古人久知之矣。

輕重一派，近乎今之國家社會主義。許行之言，則幾於無政府主義矣。行之言曰：「滕君，則誠賢君也。雖然，未聞道也。賢者與民並耕而食，饔飧而治。今也，滕有倉廩府庫，則是厲民而以自養也，惡得賢？」其徒陳相則曰：「從許子之道，則市價不貳，國中無偽；雖使五尺之童適市，莫之或欺。布帛長短同，則賈相若；麻縷絲絮輕重同，則價相

若」云云。此等說，今人無不聞而駭。而無庸駭也。郅治之
極，必也蕩蕩平平，毫無階級。而階級之興，首由生計。政
治既成職業，從事於此者，勢必視為衣食之圖，其利害遂與
民相反，政治總無由臻於極軌，論墨學時已言之。許行必欲
返諸並耕，蓋由於此。其於物價，欲專論多寡，不計精粗，
亦欲率天下而返於平等。孟子謂：「夫物之不齊，物之情也。」
「巨屨小屨同價，人豈為之哉？」謂精粗同價，必無肯為其精
者。而不知許子之意，正欲汰其精而存其粗也。此似舉社會
之文明而破壞之者。然至全社會之生計皆進步時，物之精者
將自出。若大多數人，皆不能自給，而靡人工物力，造精巧
之物，以供少數人之用，則衡以大同郅治之義，本屬不能相
容。許子之言，自有其理。特習於小康若亂世之俗者，不免
視為河漢耳。

第十四章　陰陽數術

　　《漢志》陰陽，為諸子十家之一，數術則別為一略，蓋由校書者之異其人，說已見前。論其學，二家實無甚區別。蓋數術家陳其數，而陰陽家明其義耳。故今並論之。

　　司馬談《論六家要指》曰：「陰陽之術，大祥而眾忌諱，使人拘而多所畏。然其序四時之大順，不可失也。」《漢志》亦曰：「陰陽家者流，蓋出於羲和之官，敬順昊天，曆象日月星辰，敬授民時，此其所長也。及拘者為之，則牽子禁忌，泥於小數，舍人事而任鬼神。」蓋所長者在其數，所短者在其義矣。然陰陽家者流，亦非皆拘牽禁忌之徒也。

　　陰陽家大師，當首推鄒衍。《史記》述其學云：「深觀陰陽訊息而作怪迂之變，《終始》、《大聖》之篇，十餘萬言。其語閎大不經，必先驗小物，推而大之，至於無垠。先序今以上至黃帝，學者所共術，大並世盛衰，因載其機祥度制，推而遠之，至天地未生，窈冥不可考而原也。先列中國名山

大川，通谷禽獸，水土所殖，物類所珍，因而推之，及海外
人之所不能睹。稱引天地剖判以來，五德轉移，治各有宜，
而符應若茲。[294] 以為儒者所謂中國者，於天下，乃八十一分
居其一分耳。中國名曰赤縣神州。赤縣神州內，自有九州，
禹之序九州是也，不得為州數。中國外如赤縣神州者九，乃
所謂九州也。於是有裨海環之，人民禽獸，莫能相通者，如
一區中者，乃為一州。如此者九，乃有大瀛海環其外，天地
之際焉。其術皆此類也。」史事地理，均以意推測言之，由
今日觀之，未免可駁。然宇宙廣大無邊，決非實驗所能盡。
實驗所不及，勢不能不有所據以為推，此則極崇實驗者所不
能免。鄒衍之所據，庸或未必可據；其所推得者，亦未必可
信。然先驗細物，推而大之，其法固不誤也。

　　莊周有言：「六合之外，聖人存而不論。」多聞且當闕
疑，何乃馳思太古之初，矯首八荒之外，專腐心於睹記所不
及乎？不亦徒勞而無益哉？鄒子之意，蓋病恆人之所根據，
失之於隘也。原理寓於事物。事務繁多，必能博觀而深考
之，籀其異同，立為公例，所言乃為可信。否則憑狹隘之見
聞，立隅曲之陋說，不免井蛙不可語海，夏蟲不可語冰之誚
矣。此鄒子所以騖心閎遠，於睹記之所不及者，必欲有所據
以為推也。《鹽鐵論・論鄒篇》謂：「鄒子疾晚世儒墨，守一

---

[294]　此二十一字，疑當在「大並世盛衰」下。大當作及。

隅而欲知萬方，」其意可見。夫於睹記之所不及者，且欲有所據以為推，豈有於共見共聞者，反置而不講之理？故鄒子之學，謂其騖心閎遠可，謂其徒騖心於閎遠，則不可也。

鄒子之學，非徒窮理，其意亦欲以致治也。《漢志》著錄衍書，有《鄒子》四十九篇，又有《鄒子終始》五十六篇。其終始之說，見《文選·齊安陸昭王碑注》。謂虞土，夏木，殷金，周火，從所不勝。秦人以周為火德，自以為水德，漢初又自以為土德，皆行其說也。《漢書·嚴安傳》：安上書引鄒子曰：「政教文質者，所以云救也。當時則用，過則舍之，有易則易之。」則五德終始之說，原以明政教變易之宜，實猶儒家之通三統，其說必有可觀矣。《史記》謂鄒奭「頗採鄒衍之術」；又謂衍之術，迂大而閎辯，奭也文具難施，則鄒奭似更定有實行之方案者。豈本衍之理論為之邪？《漢志》載《鄒奭子》十二篇。又有《公檮生終始》十四篇，《注》曰：「傳鄒奭終始。」豈即傳其所定實行之方案者邪？雖不可知，然其說必非漢之方士經生，徒求之服飾械器之末者可比矣。而惜乎其無傳也。

《史記·項羽本紀》載范增說項梁，引楚南公之言曰：「楚雖三戶，亡秦必楚。」《漢志》陰陽家，有《南公》三十一篇。《注》曰：「六國時。」《史記正義》曰：「服虔云：三戶，漳水津也。孟康云：津峽名也，在鄴西三十里。……南公辨

陰陽，識廢興之數，知秦亡必於三戶，故出此言。後項羽果
渡三戶津，破章邯軍，降章邯，秦遂亡。」說近附會。[295] 然
《漢志》謂南公在六國時，而《集解》引徐廣亦謂其善言陰
陽，則必為一人可知。豈范增引南公此言，雖無以為預言之
意，而楚人之重南公之言而傳之，則實以其為陰陽家有前識
故邪？若然，則當時之陰陽家，不獨能如鄒衍之順以臧往，
並能逆以知來矣。或不免泥於小數之譏也？

　　《漢志》天文家，有《圖書祕記》十七篇。此未必即後
世之讖緯。[296] 然讖緯之作，有取於天文家者必多，則可斷
言也。歷譜家有《帝王諸侯世譜》二十卷，《古來帝王年
譜》五卷。使其書亦如《史記》世表、年表之類，安得入之
數術？[297] 疑亦必有如《春秋緯》所謂「自開闢至於獲麟，
三百二十七萬六千歲，分為十紀」等怪迂之說矣。此說如
確，則其所用之術，頗與鄒衍相類。故知學術思想，無孑然
獨立者，並時之人，必或與之相出入也。

　　《洪範》五行，漢人多以之言災異，殊不足取。然亦自
為當時一種哲學。若更讀《白虎通義·五行》篇，則其網羅
周遍，尤有可驚者。此篇於一切現象，幾無不以五行生尅釋

---

[295]　果如所言，雖字何解？況上文曰：「夫秦滅六國，楚最無罪。自懷王入秦不
　　　　反，楚人憐之至今」，僅為亡國怨憤之詞，絕未涉及預言之義邪？
[296]　《後漢書·張衡傳》，載衡之言曰：「劉向父子，領校祕書，閱定九流，亦無
　　　　讖錄。」則《七略》中不得有讖。
[297]　當入之春秋家矣。

之。其說亦間有可採。猶蓍龜本所以「決嫌疑，定猶豫」，而《易》亦成為哲學也。

　　諸家中思想特異者，當推形法。《漢志》曰：「形法者，大舉九州之勢以立城郭宮舍，形人及六畜骨法之度數，器物之形容，以求其聲氣貴賤吉凶。猶律有長短，而各徵其聲，非有鬼神，數自然也。」[298]此今哲學所謂唯物論也。《漢志》又曰：「然形與氣相首尾，亦有有其形而無其氣，有其氣而無其形，此精微之獨異也。」則駁唯物之說者也。中國哲學，多偏於玄想，唯此派獨立物質為本。使能發達，科學或且由是而生，惜其未能耳。

　　《漢志》數術略六家，其書無一存者。唯《山海經》，形法家著錄十三篇，今傳世者十八篇。因多信其書非全偽。然今之所傳，必非《漢志》之所著錄，不在篇數多少之間也。《漢志》「大舉九州之勢以立城郭宮舍」，二語相連。「大舉九州之勢」，乃為「以立城郭宮舍」言之。謂九州地勢不同，立城郭宮舍之法，各有所宜也。《王制》曰：「凡居民材，必因天地寒暖燥溼，廣谷大川異制」，蓋即此理。《管子·度地》篇所載，則其遺法之僅存者也。《漢志》著錄之書：曰《國朝》，曰《宮宅地形》，皆「立城郭宮舍之法」。曰《相人》，曰《相寶劍刀》，曰《相六畜》，則所謂「形人及六畜骨法之

---

[298]　然，成也。

176

度數，器物之形容」者。《山海經》一書，蓋必與「大舉九州之勢」有關，然仍必歸宿於「立城郭宮舍之法」，乃得著錄於形法家。若如今之《山海經》，則全是記山川及所祀之神，與形法何涉？《漢書·郊祀志》載漢時所祠山川極多，多由方士所興。方士雖怪迂，其所興祠，亦不能全行鑿孔，必其地舊有此說。今之《山海經》蓋當時方士，記各地方之山川，及其所祀之神者，[299] 乃宗教家之書，非形法家言，並非地理書也。以《漢志》體例論，當援《封禪群祀》之例，入之禮家耳，與形法何涉？

---

[299]　此以大部分言。其又一部分，則後人以當時所知之外國地理附益之。此說甚長，當別論。

第十五章　方技

　　方技一略,《漢志》分為四家:曰醫經,曰經方,曰房中,曰神仙。醫經為醫學,經方為藥物學,房中亦醫學支派。三者皆實在學問,循序前進,本可成為正當科學,不徒本身有用,亦於他種學問有裨,惜乎未能如此,顧以陰陽五行等說塗附之耳。神仙一家,在當時似並無理論根據。及後世,因緣際會,乃與儒釋並稱三教。此則奇之又奇者也。[300]

　　先秦醫籍,傳於後世者,凡有四家:[301](一)《素問》,(二)《靈樞》,皇甫謐以當《漢志》之《黃帝內經》。[302](三)《難經》,託諸扁鵲,疑為《漢志扁鵲內外經》之遺。(四)《神農本草經》。《漢志》有《神農黃帝食禁》七卷。《周官醫師疏》引作《食藥》。孫星衍謂《漢志》之禁字實譌,蓋即今《神農本經》之類也。說皆不知信否。然《曲禮》:「醫

---

[300]　參看附錄三、四。
[301]　雖有後人羼雜,然大體以先秦舊書為依據。
[302]　見甲乙經序。

不三世，不服其藥。」《疏》引舊說曰：「三世者，一曰黃帝針灸，二曰素女脈訣，三曰神農本草。」似古代醫學，分此三科，傳於今之《靈樞經》，為黃帝針灸之遺，《難經》為脈訣一科，《本經》則神農本草一科也。[303] 三者並方技家質樸之辭。唯《素問》一書，多言五行運氣，為後世醫家理論所本。[304] 神仙之說，起於燕、齊之間，似因海市蜃樓而起。故其徒之求神仙者，必於海中也。神仙家之特色，在謂人可不死。古無謂人可不死者。《禮記·檀弓》曰：「骨肉歸復於土，命也。若魂氣，則無不之也。」《禮運》曰：「體魄則降，知氣在上。」《祭義》曰：「眾生必死，死必歸土。骨肉斃於下，陰為野土。其氣發揚於上為昭明，焄蒿悽愴。」蓋吾國

[303]　三世非父祖子孫傳相，猶夏殷周稱三代。

[304]　中國醫學，可分三期：自上古至漢末為一期。其名醫：漢志謂「太古有岐伯、俞柎，中世有扁鵲、秦和。列傳於史者，前有倉公，後有華佗。而方論為後人所宗者，又有張機。此期醫學，皆有專門傳授，猶兩漢經學，各有師承也。魏晉而後，專門授受之統緒，漸次中絕。後起者乃務收輯古人之遺說，博求當世之方術。其書之傳於後者：有皇甫謐之甲乙經，巢元方之諸病源候總論，孫思邈之千金方，羅燾之外臺祕要方。至宋之惠民和劑局方而結其局。此一時期也，務綴拾古人之遺逸，實與南北朝、隋、唐義疏之學相當也。北宋時，士大夫之言醫者，始好研究《素問》，漸開理論醫學之端。至金、元之世，名醫輩出，而其業始底於成。直至今日，醫家之風氣，猶未大變。此一時期，蓋略與宋、明之理學相當。清儒考據之學，於醫家雖有萌蘖，未能形成也。各種學問之發達，皆術先而學後，即先應用而後及於原理，唯醫亦然。北宋以前，醫經、經方兩家，皆偏於治療之術，罕及病之原理。雖或高談病理，乃取當時社會流行之說，如陰陽五行等，以緣飾其學，非其學術中，自能生出此等理論也。宋人好求原理，實為斯學進化之機。惜無科學以為憑藉，仍以陰陽五行等，為推論之據。遂至非徒不能進步，反益入於虛玄矣。此則古代醫學，本與陰陽五行等說相附麗之流毒也。中國術數之學，其精處，亦含有數理哲學之意，然終不脫迷信之科臼，弊亦坐此。

古代，以為天地萬物，皆同一原質所成，而此等原質，又分為輕清、重濁二類。輕清者上為天，重濁者下為地。人之精神，即《檀弓》所謂「魂氣」，《禮運》所謂「知氣」，《祭義》所謂「昭明之氣」，乃與天同類之物，故死而上升。人之體軀，即《檀弓》及《祭義》所謂「骨肉」，《禮運》所謂「體魄」，則與地同類之物，故死而下降。構成人身之物質，原與構成天地之物質同科，故曰：「民受天地之中以生」，[305] 又曰：「萬物負陰而抱陽，衝氣以為和」也。[306] 然則鬼神者，亦曾經構成人身之物質，今與其體魄分離而已矣。此為較進步之思想。其未進步時之思想，則所謂神所謂鬼者，皆有喜怒欲惡如人，墨子之所明者是也。偏於物質者，為形法家之說，可謂之無鬼論。此三說者，其有鬼無鬼不同；同一有鬼也，其所謂鬼者又不同；要未有謂人可不死者。求不死者俗情，謂人可不死者，天下之至愚也；曾是言道術者而有是乎？古人雖愚，亦豈可誣。故知必緣海上蜃氣，現於目前；城郭人物，一一可睹；目擊其狀，而不解其理，乃有以堅其信也。神仙家之說，其起源蓋亦甚早。《漢書‧郊祀志》謂齊威、宣，燕昭王，皆嘗使人入海求三神山。然其說實不起於戰國。《左氏》載齊景公問晏子：「古而無死，其樂何如？」

[305]　《左傳》成公卜三年。
[306]　《老子》。

古無為不死之說者，景公所稱，必神仙家言也。神仙家皆言
黃帝。黃帝東至於海，登丸山，[307] 而邑於涿鹿之阿，實燕、
齊之地。得毋方士術雖怪迂，而其託諸黃帝，固不盡誣邪？
然其無理論以為根據，則無俟再計矣。神仙家求不死之術，
大抵有四：一曰求神仙，二曰導引，三曰服餌，四曰御女。
求神仙不足道。導引、服餌、御女，皆醫經、經方、房中三
家之術也。今所傳《素問》，屢稱方士。後世之方士，亦時
以金丹等蠱惑人主。張角等又以符咒治病，誑惑小民。符咒
者，古之祝由，亦醫家之術也。則知神仙家雖不足語於道
術，而於醫藥之學，則頗有關矣。《漢志》列之方技，誠得其
實也。

▌附錄三 [308]

　　天下事無可全欺人者。人之必死，眾目所共見也。以不
死誑人，其術拙矣。然時人信之甚篤，蓋亦有由。淫祀之
廢也，成帝以問劉向。向言：「陳寶祠自秦文公至今七百餘
歲矣，漢興世世常來。光色赤黃，長四五丈，直祠而息，音
聲砰隱，野雞皆雊。每見雍太祝祠以太牢，遣候者乘乘傳馳
詣行在所，以為福祥。高祖時五來，文帝二十六來，武帝

---

[307]　《漢志》作凡山，在琅邪朱虛縣。
[308]　此與下附錄四，皆予讀漢書札記。因辭太繁，故僅節錄。

七十五來，宣帝二十五來，初元元年以來亦二十來。」此眾目昭見之事，非可虛誑。蓋自然之象，為淺知者所不能解，乃附會為神怪。其說誣，其象則不虛也。神仙之說，蓋因海上蜃氣而起，故有登遐倒景諸說，而其所謂三神山者，必在海中，而方士亦必起於燕、齊耳。

《史記·封禪書》曰「三神山者，其傳在勃海中，去人不遠。患且至，則船風引而去。蓋嘗有至者，諸仙人及不死之藥皆在焉。其物禽獸盡白，而黃金銀為宮闕。未至，望之如雲。及到，三神山反居水下。臨之，風輒引去，終莫能至雲。」《漢書·郊祀志》：谷永述當時言神仙者之說，謂能「遙 [309] 興輕遐舉，登遐倒景，覽觀縣圃，浮游蓬萊。」司馬相如《大人賦》曰：「世有大人兮，在於中州。宅彌萬里兮，曾不足以少留。悲世俗之追隘兮，朅輕舉而遠遊。垂絳幡之素蜺兮，載雲氣而上浮。」皆可見神仙之說初興，由蜃氣附會之跡。

神仙家之說，不外四端：一曰求神仙，二曰練奇藥，三曰導引，四曰御女。練藥、導引、御女，皆與醫藥相關。《漢志》神仙家，與醫經、經方、房中同列方技，蓋由於此。然奇藥不必自練，亦可求之於神仙。《史記·封禪書》：三神山嘗有至者，諸仙人及不死之藥皆在焉；又謂始皇「南至湘山，

---

[309]　同遙。

遂登會稽，並海上，冀遇海中三神山之奇藥」是也。《史記·淮南王傳》：伍被言：秦使徐福入海。「還為偽辭曰：臣見海中大神，言曰：汝西王之使邪？臣答曰：然。汝何求？曰：願請延年益壽藥。神曰：汝秦王之禮薄，得觀而不得取。」尤顯而可見。此與自行練藥者，蓋各為一派。

　　服食與練藥，又有不同。練藥必有待於練，服食則自然之物也。《後漢書注》引《漢武內傳》，謂封君達初服黃連五十餘年，卻儉多食茯苓，魏武能餌野葛是也。《華佗傳》云：「樊阿從佗求方可服食益於人者，佗授以漆葉青站散。」《注》引《佗別傳》曰：「本出於迷入山者，見仙人服之，以告佗。」此神仙家言與醫家相出入者。

　　導引之術，亦由來甚久。《莊子》已有熊經鳥申之言。《漢書·王吉傳》吉諫昌邑王遊獵曰：「休則俯仰屈申以利形，進退步趨以實下，吸新吐故以練臟，專意積精以適神，於以養生，豈不長哉！」王褒《聖主得賢臣頌》曰：「何必僵仰屈信若彭祖，呴噓呼吸如喬松。」崔實《政論》曰：「夫熊經鳥伸，雖延歷之術，非傷寒之理；呼吸吐納，雖度紀之道，非續骨之膏。」仲長統《卜居論》曰：「呼吸精和，求至人之方佛。」皆導引之術也。《華佗傳》：「佗語吳普曰：古之仙者為導引之事，熊經鴟顧，引挽要體，動諸關節，以求難老。吾有一術，名五禽之戲：一曰虎，二曰鹿，三曰熊，四曰猨，

五日鳥，亦以除疾，兼利蹏足，以當導引。」則導引又醫家
及神仙家之所共也。

　　《後漢書》言普行五禽之法，年九十餘，耳目聰明，齒
牙完堅，此行規則運動之效，首見於史者。注引《佗別傳》
曰：「普從佗學，微得其方。魏明帝呼之，使為禽戲，普以
年老，手足不能相及，粗以其法語諸醫。普今年將九十，耳
不聾，目不冥，牙齒完堅，飲食無損。」云手足不能相及，
蓋其戲即今所傳《八段錦》中所謂「兩手攀足固腎要」者。
《後書注》曰：「熊經，若熊之攀枝自懸也。鴟顧，身不動而
回顧也。」雲若攀枝自懸，則未必真有物可攀，亦不必其真
自懸。竊疑《八段錦》中所謂「兩手託天理三焦」，即古所謂
熊經者。身不動而回顧，其為《八段錦》中之「五勞七傷望
後瞧」，無疑義矣。《後漢書》又云：「冷壽光行容成公御婦
人法，常屈頸鴟息，鬚髮盡白，而色理如三四十時。王真年
且百歲，視之面有光澤，似未五十者。自云：周流登五嶽名
山；悉能行胎息、胎食之方。漱舌下泉咽之。不絕房室。[310]
孟節能含棗核不食，可至五年十年。又能結氣不息，狀若死
人，可至百日半年。」胎食、胎息，即今所謂吞津及河車般
運之術。靜之至，自可不食較久。二百餘日或有之，雲五年

---

[310]　注引《漢武內傳》：「王真習閉氣而吞之，名曰胎息。習漱舌下泉而咽之，
　　　　名曰胎食。真行之，斷谷二百餘日，肉色光美，力並數人。」又引《抱樸
　　　　子》曰：「胎息者，能不以鼻口噓翕，如在胎之中。」

十年，則欺人之談也。不息若死，亦其息至微耳。魏文帝
《典論》曰：「甘陵甘始，名善行氣，老而少容。始來，眾人
無不鴟視狼顧，呼吸吐納。軍祭酒弘農董芬，為之過差，氣
閉不通，良久乃蘇。」蓋導引宜順自然，又必行之有序，而
與日常起居動作，亦無不有關係。山林枯槁之士，與夫專以
此為事者，其所行，固非尋常之人所能效耳。

　　房中、神仙，《漢志》各為一家，其後御女，亦為神仙
中之一派。蓋房中本醫家支流，神仙亦與醫家關係甚密耳。
《後漢書·方術傳》言甘始、東郭延年、封君達三人，率能行
容成御婦人術。又冷壽光，亦行容成御婦人法。魏文帝《典
論》謂：「廬江左慈，知補導之術。慈到，眾人競受其術。至
寺人嚴峻，往從問受。奄豎真無事於斯，人之逐聲，乃至於
是。」此並《漢志》所謂房中之傳。《史記·張丞相列傳》言：
「妻妾以百數，嘗孕者不復幸。」蓋亦其術。此尚與神仙無
涉。《漢書·王莽傳》：莽以郎陽成脩言。黃帝以百二十女致
神仙。因備和嬪、美御，與方士驗方術，縱淫樂。則房中、
神仙合為一家矣。

附錄四

　　道家之說，與方士本不相干。然張脩、於吉等，不唯竊
其言，抑且竊其書以立教，一若奉為先聖先師，而自視為其

支流餘裔者。[311] 何哉？予謂方士之取老子，非取其言，而取其人；其所以取其人，則因道家之學，以黃、老並稱；神仙家亦奉黃帝。黃、老連稱，既為世所習熟，則因黃帝而附會老子，於事為甚便耳。

《後漢書·襄楷傳》：楷上書言：聞宮中立黃、老、浮屠之祠。《桓帝紀》延熹九年，七月，庚午，祠黃、老於濯龍宮，蓋即楷所斥。先是八年，正月，遣中常侍左悺之苦縣祠老子。十一月，使中常侍管霸之苦縣祠老子，所以但祠老子者，以之苦縣之故，一歲中遣祠老子至再。則祠黃、老之事，史不及書者多矣。續書《祭祀志》：「桓帝即位十八年，好神仙事。延熹八年，初使中常侍之陳國苦縣祠老子。九年，親祠老子於濯龍。文罽為壇，飾淳金釦器，設華蓋之坐，用郊天樂也。」此與《後書》帝紀所言同事。而九年之祠，紀言黃老，志但言老子。《紀》又曰：「前史稱桓帝好音樂，善鼓笙。飾芳林而考濯龍之宮，設華蓋以祠浮圖、老子，斯將所謂聽於神乎！」注：「前史謂《東觀記》也。」以考濯龍與祠老子對言，則濯龍之祠，所重蓋在黃帝。黃帝無書，而老子有五千文在。治符咒治病者且取之，而後此之以

---

[311]　案張脩使人為奸令祭酒，祭灑主以《老子》五千文使都習，見《三國志·張魯傳》注引《典略》。於吉有《太平清領經》，見《後漢書·襄楷傳》注引《太平經·帝王》篇，有「元氣有三名：太陽、太陰、中和」，「人有三名：父、母、子」之語。蓋竊老子「一生二，二生三，三生萬物」，「負陰而抱陽，衝氣以為和」之說者也。

哲理緣飾其教者，不必論矣。《典略》言張脩之法略與張角同，而《後漢書・皇甫嵩傳》言張角奉祀黃、老道，此張脩之使人都習《老子》，為由黃帝而及之鐵證也。楷之疏曰：「聞宮中立黃、老、浮屠之祠。此道清虛，貴尚無為；好生惡殺，省慾去奢。今陛下嗜慾不去，殺罰過理。既乖其道，豈獲其祚哉！或言老子入夷狄為浮屠。浮屠不三宿桑下，不欲久生恩愛，精之至也。天神遺以好女，浮屠曰：此但革囊盛血。遂不眄之。其守一如此，乃能成道。今陛下淫女豔婦，極天下之麗；甘肥飲美，單天下之味；奈何欲如黃、老乎？」此所謂老子之道，全與道家不合，蓋方士所附會也。《楚王英傳》：「晚節更喜黃、老，學為浮屠齋戒祭祀。永平八年，詔令天下死罪皆入縑贖。英遣郎中令奉黃縑白紈三十匹詣國相。……國相以聞。詔報曰：楚王誦黃老之微言，尚浮屠之仁慈，潔齋三月，與神為誓。何嫌何疑，當有悔吝？其還贖，以助伊蒲塞桑門之盛饌。」此所謂黃老學者，亦非九流之道家，乃方士所附會也。然則黃老、神仙、浮屠三者，其轇轕不清舊矣，而桓帝亦沿前人之波而逐其流耳。

又不獨淫昏之君主藩輔然也，枯槁之士亦有之。《後漢書・逸民傳》：矯慎，少好黃老，隱逐山谷，因穴為室，仰慕松、喬導引之術。汝南吳蒼遺書曰：「蓋聞黃、老之言，乘虛入冥，藏身遠遁；亦有理國養人，施於為政。至如登山絕

跡,神不著其證,人不睹其驗。吾欲先生從其可者,於意何如?」此風以治道家之黃、老,絕神仙家所託之黃、老也。仲長統《卜居論》曰:「安神閨房,思老氏之玄虛。呼吸精和,求至人之彷彿。」亦以道家與神仙家之言並稱。

又《陳愍王寵傳》:「熹平二年,國相師遷追奏前相魏愔與寵共祭天神,希冀非幸,罪至不道。……檻車傳送愔、遷詣北寺詔獄。使中常侍王酺與尚書令、侍御史雜考。愔辭與王共祭黃老君,求長生福而已,無它冀幸。」劉攽《刊誤》曰:「黃老君不成文,當云黃帝老君。」《刊誤補遺》曰:「《真誥》云:大洞之道,至精至妙,是守素真人之經。昔中央黃老君祕此經,世不知也。則道家又自有黃老君。」案言中央黃老君,似指天神中之黃帝,則正實師遷所奏。而當時遷以誣告其王誅死,足見《後漢書》所云,非《真誥》所載,貢父之說,為不誤也。[312]

---

[312]　或《後漢書》衍「君」字。

第十六章　小說家

　　小說家之書，今亦盡亡。據《漢志》存目觀之，則有
《伊尹說》、《鬻子說》、《師曠》、《務成子》、《天乙》、《黃
帝說》，蓋立說託諸古人者。有《周考》，注曰：「考周事
也。」又有《青史子》，注曰：「古史官記事也。」蓋雜記古
事者。《漢志》於《伊尹說》下曰：「其語淺薄，似依託也。」
《鬻子說》下曰：「後世所加。」《師曠》下曰：「其言淺薄，
似因託之。」《務成子》下曰：「稱堯問，非古語。」《天乙》
下曰：「其言非殷時，皆依託也。」《黃帝說》下曰，「迂誕
依託。」則其說蓋無足觀。故不得與九流並列也。然武帝時，
虞初所撰之《周說》，至九百四十三篇。應劭曰：「其說以
《周書》為本。」蓋《周考》之類。又有《百家》，百三十九
卷，不知為誰所撰。《史記·五帝本紀》，謂「《百家》言黃
帝，其文不雅馴。」似即此《百家》。則亦雜記古事者。觀二
書篇卷之富，則小說家之多識往事，實可驚矣。

　　《漢志》曰：「小說家者流，蓋出於稗官。街談巷語，道聽塗說者之所造也。孔子曰：雖小道，必有可觀者焉，致遠恐泥，是以君子勿為也。然亦勿滅也。閭里小知者之所及，亦使綴而不忘。如或一言可採，此亦芻蕘狂夫之議也。」曰「街談巷語」，曰「道聽塗說」，曰「君子勿為」，曰「閭里小知所及」，曰「芻蕘狂夫之議」，則此一家之說，雖出自稗官，實為人民所造；稗官特蒐集之，如采詩者之採取民間歌謠而已。古代學術，為貴族所專，人民鮮事研究。即有聰明才智之士，閱歷有得，發為見道之言，而既乏儔侶之切磋，復無徒黨之傳播，其不能與九流媲美，固無足怪。然十室之邑，必有忠信；三人同行，必有我師；集千百閭里小知者之所為，亦必有君子之慮所勿及者，且必深可考見古代平民之思想，而惜乎其盡亡也。

　　《御覽》八百六十八引《風俗通》：謂宋城門失火，取汲池中以沃之，魚悉露見，但就取之。其說出於《百家》。案此說古書用之者甚多。《風俗通》之言而確，則古書中此類之說，尚必有取自小說家者。小說家之書雖亡，而未可謂之盡亡也。惜無所據以輯之耳。

第十七章　雜家

　　雜家者流，《漢志》曰：「蓋出於議官。兼儒、墨，合名、法，知國體之有此，見王治之無不貫，此其所長也。」體者，四支百體之體，諸子之學，除道家為君人南面之術，不名一長外，餘皆各有所長；猶人身百骸，闕一不可；故曰知國體之有此。雜家相容而並苞之，可謂能攬治法之全。所以異於道家者，驅策眾家，亦自成為一種學術，道家專明此義，雜家則合眾說以為說耳。雖集合眾說，亦可稱為一家者。專門家雖有所長，亦有所蔽。如今言政治者或偏見政治之要，言軍事者或偏見軍事之要，不惜閣置他事以徇之。然國事當合全域性而統籌，實不宜如此。唯雜家雖專精少遜，而閱覽無方，故能免此弊而足當議官之任。此後世所謂通學者之先驅也。[313]

　　雜家之書，存於今者，為《尸子》及《呂氏春秋》。《尸子》僅有後人輯本，[314] 闕佚已甚。就其存者，大抵為儒、

---

[313]　參看第五章。
[314]　以汪繼培本為最善。

道、名、法四家之言。《呂氏春秋》，則首尾大略完具，編次亦極整齊。不徒包蘊弘富，並可借其編次，以考見古代學術之條理統系，誠藝林之瑰寶也。

《史記·呂不韋傳》謂不韋「使其客人人著所聞，集論以為八覽、六論、十二紀，二十餘萬言。以為備天地萬物古今之事。號曰《呂氏春秋》。布咸陽市門，縣千金其上，延諸侯遊士賓客，有能增損一字者，予千金。」其述作之時，規模之閎大，去取之謹慎，可以想見。高誘注此書，多摘其中事實誤處，謂揚子雲恨不及其時，車載其金而歸。[315] 不知古人著書，重在明義；稱引事實，視同寓言；人物差違，非所深計。增損及於一字，庸或傳者已甚之辭，亦非古人著書之體。然當時之集思廣益，不憚博採周諮，則概可見矣。此其所以能成此包蘊弘富，條理明備之作歟？若高誘之言，則適成其為高誘之見而已。舊作《讀呂氏春秋》一篇，可見此書編纂之條理。今錄於後，以見當時「集論」之法焉。

《呂氏春秋》二十六篇。凡為紀者十二，為覽者八，為論者六。其編次，實當以覽居首，論次之，紀居末。《史記本傳》稱此書為「呂氏春秋」，《漢志》同，蓋此書之本名。《太史公自序》及《報任少卿書》又稱此書為《呂覽》。蓋以覽居全書之首，故有是簡稱，一也。古書自序，率居全書之末，

---

[315] 見《慎人》、《適威》二篇注。

今此書序意，實在十二紀後，二也。《有始覽》從天地開闢說起，宜冠全書之首，三也。畢氏沉泥《禮運註疏》謂以十二紀居首，為春秋所由名。[316] 梁氏玉繩，初本謂覽當居首，後乃變其說，自同於畢氏，非也。《禮運鄭注》，並無以春秋名書，由首十二紀之意。古人著書，以春秋名者多矣，豈皆有十二紀以冠其首邪？

　　此書二十六篇，《漢志》以下皆同。[317] 今本諸覽論紀之下，又各有其所屬之篇，都數為百六十，與《玉海》引王應麟之說相符。盧氏文弨曰：「《序意》舊不入數，則尚少一篇。此書分篇極為整齊，十二紀紀各五篇，六論論各六篇，八覽當各八篇。今第一覽止七篇，正少一。《序意》本明十二紀之義，乃末忽載豫讓一事，與《序意》不類。且舊校云，一作《廉孝》，與此篇更無涉。即豫讓亦難專有其名。竊疑《序意》之後半篇俄空焉，別有所謂《廉孝》者，其前半篇亦脫，後人遂強相符合，並《序意》為一篇，以補總數之闕。《序意》篇首無「六曰」二字，於目專科輒加之，以求合其數。」案盧說是也。古書之存於今者，大率掇拾於叢殘煨燼之餘，編次錯亂，略無法紀。此書獨不然。即就此一端論，已為藝林之瑰寶矣。

<hr/>

[316]　說本王應麟，見《玉海》。
[317]　庾仲容《子鈔》、陳振孫《書錄解題》作「三十六」，「三」蓋誤字。《文獻通考》作「二十」，則又奪「六」字也。

下編　分論

　　八覽、六論、十二紀之分，必此書固所有。其下各篇細
目，不知其為固有，抑為後人所為？然要得古人分章之意。
《四庫提要》謂唯夏令多言樂，秋令多言兵，似乎有意，其
餘絕不可曉，謬矣。今試略論之。八覽為全書之首，《有始
覽》又居八覽之首，故從天地開闢說起。其下《應同》，言
禎祥感應之理，因天以及人也。《去尤》、《聽言》、《謹聽》
三篇，論人君馭下之道，《務本》言人臣事君之理。《諭大》
言大小交相恃，猶言君臣交相資，此篇蓋總論君若臣治國之
道，而本之於天者也。《孝行覽》言天下國家之本在身，身之
本在孝。其下各篇，多論功名所由成。蓋從創業時說起，故
追念及於始祖也。《慎大覽》言居安思危之義。所屬各篇，
言人君用賢，人臣事君及治國之道，皆守成之義。《先識覽》
專從識微觀變立論。《審分覽》明君臣之分職。《審應覽》言
人君聽說之道。《離俗覽》言用人之方。《恃君覽》言人之樂
群，由於群之能利人；群之能利人，由君道之立。因論人君
不當以位為利；及能利民者當立，不利民者當替之道；並博
論國家之所謂禍福。凡八覽，蓋本之於天，論國家社會成立
之由，及其治之之術者也。六論：《開春論》言用人之術。
《慎行論》明利害之辨。《貴直論》言人君當求直臣。《不苟
論》言當去不肖。《似順論》言百官之職，無可不慎；因及謹
小慎微之義。《士容論》首二篇言人臣之道，下四篇言氓庶之

事。六論蓋博言君臣氓庶之所當務者也。十二紀者，古明堂行政之典。《禮記・月令》、《管子・幼官》、《淮南・時則》，皆是物也。後人以《呂氏書》有之，疑為秦制，非也。古代政事，統於明堂。明堂出令，必順時月。故舉十二紀，則一國之政，靡不該矣。所屬諸篇：《孟春紀》言治身之道，春為生長之始，故本之於身也。《仲春》、《季春》二紀，論知人任人之術，因身以及人也。《孟夏紀》言尊師、取友、教學之法。夏主長大，人之為學，亦所廣大其身也。[318]《仲夏》、《季夏》皆論樂。樂盈而進，率神而從天，故於盛陽之時論之也。《孟秋》、《仲秋》二紀皆言兵，顯而易見。《季秋》所屬《順民》、《知士》二篇，乃用兵之本；《審己》者，慎戰之道；《精通》者，不戰屈人之意也。《孟冬紀》皆論喪葬。葬者藏，冬閉藏物也。《仲冬》、《季冬》二紀，論求知及知人。人能多所畜藏則知，所謂「多識前言往行，以畜其德」，抑知莫大於知人也。覽始於天地開闢，而紀終之以一國之政，先理而後事也。《序意》一篇，當兼該全書，而但及十二紀者，以有缺脫也。始乎理，終乎事；條其貫，綱舉目張。古書之編次，信無如此書之整齊者已。

---

[318]　《禮記・文王世子》：「況於其身以善其君乎？」鄭注「於讀為迂。迂猶廣也，大也。」

電子書購買

爽讀 APP

國家圖書館出版品預行編目資料

呂思勉的先秦學術概論：思想流派考與諸子探源 / 呂思勉 著 . -- 第一版 . -- 臺北市：複刻文化事業 有限公司 , 2024.06
面；　公分
POD 版
ISBN 978-626-7426-77-7(平裝)
1.CST: 先秦哲學 2.CST: 學術思想 3.CST: 文集
121.07　　113006644

呂思勉的先秦學術概論：思想流派考與諸子探源

臉書

作　　　者：呂思勉
發　行　人：黃振庭
出　版　者：複刻文化事業有限公司
發　行　者：複刻文化事業有限公司
E - m a i l：sonbookservice@gmail.com
粉　絲　頁：https://www.facebook.com/sonbookss/
網　　　址：https://sonbook.net/
地　　　址：台北市中正區重慶南路一段 61 號 8 樓
8F., No.61, Sec. 1, Chongqing S. Rd., Zhongzheng Dist., Taipei City 100, Taiwan
電　　　話：(02) 2370-3310　　傳　　真：(02) 2388-1990
印　　　刷：京峯數位服務有限公司
律師顧問：廣華律師事務所 張珮琦律師
定　　　價：275 元
發行日期：2024 年 06 月第一版
◎本書以 POD 印製
Design Assets from Freepik.com